AF280673

Barbara Loschan: Ich bin reife Ü40 und habe eine kaufmännische und technische Ausbildung. Das heißt, ich habe an zwei verschiedenen Schulen maturiert (HBLA (5- jährige Tagesschule) und HTL (Abendkolleg für Berufstätige).

Seit mindestens elf Jahren bin ich selbstständige Berufsfotografin und habe einen 7-jährigen Sohn. Ich bin alleinerziehend, da der Papa von Lenny im Jahr 2019 bei einem schrecklichen Unfall verstorben ist.

Mein lieber Freund Andreas erzählte mir schon vor längerer Zeit mit Begeisterung, dass er ein witziges Datingbuch schreiben möchte, aber er brauche dafür eine Frau, die den weiblichen Teil des Buches übernimmt. So kam es zu meinem weiblichen Beitrag!

Ich hoffe, Ihr könnt mit diesem Buch auch ein bisschen lachen und Spaß haben!

sag mir, wo die Männer sind …

Erfolgreich Daten für Frauen

ACHTUNG Mann – hier ist die Stelle, an der du das Buch weglegen und nicht mehr weiterlesen solltest! Nein, sogar weglegen MUSST!

...

...

...

...

...

...

...

...

...

... Und? ...

...

...

...

...

...

...

O.k., offensichtlich hast du meinen Warnhinweis nicht befolgt!!

Ich hoffe, du bist einer der wenigen Männer, der die Realität auch verträgt! Nun gut, lies es halt, danach gehst du weinen...

An die Damenwelt: Viel Spaß mit dem weiblichen Teil des Buches!

INHALT

Vorwort

Mit diesem Buch wollen wir nicht beratschlagen, Tipps und Tricks oder sonstiges in Punkto Dating geben, nein, das können wir auch nicht, da es offensichtlich niemanden auf der Welt gibt, der sich tatsächlich mit Dating auskennt und sagen kann: „Das ist jetzt richtig" oder „Das ist jetzt falsch".

Klar, geht nicht! Erstens gäbe es keine Singles mehr und zweitens was ist schon richtig und was ist falsch und drittens wäre Daten mit der Zeit unglaublich langweilig, wenn es bei dem Thema keine Herausforderung mehr gäbe. Oder?

Nein, das Buch dient zur Unterhaltung und nimmt das Thema „Daten" nicht zu ernst. Genau! Geh' doch, um Himmels willen, nicht zu ernst und zu verkrampft das Ganze an, somit findest du nichts.

Vergleiche es mit ‚Einkaufen': Wenn man auf Biegen und Brechen beim Einkauf fündig werden möchte, dann kann man mit Sicherheit im Vorhinein schon sagen, dass es ein unmögliches Unterfangen werden wird.

Wenn du jedoch mal zufällig shoppen, sozusagen „strawanzen" gehst, ja dann kann es durchaus sein, dass du mit vollen Sackerln und weniger Geld am Konto heimkommen wirst.

... aber mehr dazu später im Buch.

Nun meine Liebe: Setze dich auf deinen Lieblingsplatz, mache dir ein feines Getränk, und ich wünsche dir viel Spaß und gute Unterhaltung!

Als Einleitung gibt es für uns Frauen einen Text meines Co-Autors Andreas, der kurz beschreibt, wie denn die Männer so ticken. Denn ER glaubt das zu wissen.

Wie ticken Männer

von Andi Bauer

Hier gibt es keine allgemeingültige Antwort. Es gibt kein „typisch Mann", wie es auch kein „Typisch Frau". Es gibt jedoch Parameter, in denen sich Männer bewegen und natürlich Ausnahmen, welche manchmal die Regel bestätigen.

Zu Beginn erlaube ich mir mit einem Vorurteil aufzuräumen. Es stimmt nicht, dass Männer nur Sex wollen. Was jedoch stimmt, ist, dass Männer stark Trieb gesteuert sind, und dennoch behaupte ich an dieser Stelle, dass 99% aller Männer sehr wohl wissen, wie man sich benimmt, und in der Lage sind ihren Trieb zu unterdrücken. Männer wollen generell eine verbindliche und verlässliche Partnerschaft, in der sie sich frei fühlen.

Ein Freiraum, bei dem jetzt nicht eine Affäre oder ein One-Night-Stand gemeint ist. Zugegeben, diese Männer gibt es auch, aber die sind hier nicht gemeint.

Gemeint ist vielmehr: Stammtisch, Zeit mit Freunden, Sport, am Auto/Motorrad basteln und vieles mehr. Männer brauchen ihre Höhle, in der sie Mann sein dürfen. Das kann eine Garage sein, ein Keller, der Dachboden, ein Raum oder zumindest ein Hobby (sollte der physische Platz nicht zur Verfügung stehen). Was oberflächig wie ein Fluchtort aussieht, ist vielmehr ein Rückzugsort, der diesen Freiraum bildet.

Ein kluger Mensch hat einmal behauptet, das Geheimnis einer guten Beziehung seien nicht getrennte Schlafzimmer, sondern getrennte Wohnzimmer.

Ich denke, dass ein Schlüssel für eine gute Beziehung die Balance von Nähe und Distanz ist. Und dies ist schwierig genug. Jeder hat andere Bedürfnisse. Manche wünschen sich mehr und öfters die Nähe, andere brauchen mehr Freiraum. Diese Balance gilt es gemeinsam herauszufinden.

Am besten mit dem nächsten Beziehungs-Schlüssel. (Ja, es braucht aus viele Schlüssel für die Tür zum gemeinsamen Glück.)

Dieser zweite Schlüssel nennt sich Kommunikation.

Bis dahin sei festgehalten, dass Männer ihre physische oder mentale Höhle brauchen. Mental bedeutet, dass es nicht notwendig ist über alles reden zu müssen. Wenn Mann mal weg war, um Freunde zu treffen, dann gibt es nichts Nervigeres als das Verhör danach.

- Wie war es denn?
- Was habt ihr geredet?
- Wie geht es denn Hans – mit seiner neuen Freundin?

Der Sinn einer Männerrunde ist auch mal über Dinge zu reden und zu blödeln, welche nicht jede Partnerin hören will (oder muss). Das hat nichts mit unehrlich zu tun oder Geheimnisse zu haben. Hier geht es schlicht um einen mentalen Freiraum, die mentale Höhle im Kopf.

Ich weiß es ja nicht, aber ich kann mir durchaus vorstellen: Wenn sich Madame mit den Freundinnen trifft, wird danach auch nicht alles zuhause aufbereitet. Muss auch nicht sein. Emotional ausgeglichene Männer wollen das auch nicht wissen. Krankhaft eifersüchtige Typen gelten hier als Ausnahme und nicht als Beispiel.

Somit halte ich mich an den Superpapa und vorbildlichen Partner Homer Simpson, der seiner geliebten Frau Marge wie folgt antwortete: „Marge, ich will dich nicht anlügen, also frag mich bitte nicht, was ich gemacht habe."

Für alle, die die Serie nicht kennen. Homer hat in seinem Keller illegal Schnaps gebrannt.

Kurzum, wenn es nichts Schlimmeres ist, lasst den Männern diesen kleinen Freiraum, ihre Höhle, und zwar, wenn möglich, physisch, auf jeden Fall jedoch im Kopf.

Ein weiteres Detail, welches die meisten Männer in den Wahnsinn und eine Beziehung in den Abgrund treibt, ist permanentes Nörgeln. Konstruktive Kritik: immer gerne; Feedback: na klar. Aber das Nörgeln und mentale Herumschrauben an der Persönlichkeit des Mannes lässt langfristig jede Beziehung scheitert. Der Mann bekommt unweigerlich das Gefühl nicht gut genug zu sein.

Als ob man immer wieder Milch in den Kaffee rührt und sich am Ende darüber beschwert, dass der Kaffee seine Stärke und seinen Geschmack verloren hat und fad schmeckt. Das permanente Nörgeln lässt Männer entweder die Flucht ergreifen oder langsam zum Langweiler werden, weil sich dieser in alle Richtungen zu biegen versucht und sich am Ende selbst verliert.

Es gibt dazu eine (böse) These über angebliche Gedanken bei der Hochzeit: Er denkt über die Braut: „Wow, die ist toll, die wird immer so bleiben wie sie ist." Sie denkt über den Bräutigam: „Soweit passt er, aber ich werde ihn schon zurechtbiegen."

BEIDE IRREN.

Werte Damen, den Mann, den ihr kennenlernt, den

kriegt ihr auch und so bleibt er auch.

- Wenn er sich für Autos und Formel 1 interessiert, dann wird das auch in 10 Jahren so sein.
- Wenn er zu Übergewicht neigt, dann bleibt das auch (mit wenigen Ausnahmen).
- Und wenn er gesellig ist, dann wird er auch weiterhin seine Freunde treffen.
- Und wenn er introvertiert ist, dann wird er ungern zu Verwandtenbesuchen oder großen Familienfeiern mitgehen.

Aber, wenn er euch liebt, wird er ab und an auch mal auf ein „Formel 1 – Rennen" verzichten, sollte ein wichtiges Ereignis anstehen. Und er wird auch zu den Verwandten mitfahren, wenn es mal wichtig ist, und er wird sich vielleicht bemühen, ein paar Kilos loszuwerden.

Er wird das aus Liebe tun, aber nicht, weil jemand nörgelt oder an ihm herumschraubt.

Männer wollen so geliebt werden, wie sie sind und nicht als jemand, der sie sein sollen oder vielleicht sogar sein müssen.

Die Disney-Prinzessin und der Playboy

Meine lieben Damen, bleiben wir doch am Boden der Realität. Es gibt keinen Frosch, den man küsst und dann *blobb* steht der Märchenprinz vor einem! Was ist überhaupt ein Prinz? – Will frau „das" eigentlich?

Wir leben nicht in einem Märchen. Es gibt kein Dornröschen, das vom Prinzen wachgeküsst wird und keine Rapunzel, die vom Helden aus dem Turm befreit wird.

Wir leben in der Realität, und das Leben ist kein Ponyhof. Aber Hand auf's Herz: Wäre das nicht furchtbar langweilig und anspruchslos? Stell' dir vor, du hast einen für dich bildhübschen, schlanken, athletischen, „Ja"-Sager, ohne eigene Interessen zu Hause sitzen? Spätestens nach einem Monat wirst du ihn vermutlich anschreien mit den Worten: „Widersprich mir doch mal" oder „Was willst du eigentlich?"

Ohne Widerspruch oder eine Person als Gegenüber entsteht keine Kommunikation oder Diskussion. Dann könnte man sich theoretisch auch einen Roboter zulegen, den man auf die eigenen Vorstellungen programmieren lassen könnte. Das wäre doch praktisch, oder?

Nein, das gibt es nicht. Das Leben hat auch Grautöne.

Leider wird uns durch Werbung ständig „der perfekte Mensch" vorgegaukelt. Eine hübsche schlanke Dame ohne Ecken und Kanten oder sonstigen Makel. Junge Mädchen glauben gern, dies sei das Ideal, und wollen ebenso aussehen.

Was passiert? Es entstehen bei diesen jungen Frauen diverse psychologische Störungen, Ess-krankheiten, und — schlimmer noch, sie lassen an ihren Körpern herumschnipseln. Meist sind psychisch labile Personen davon betroffen.

Genau das Gleiche gilt auch für Männer. Nur dass Männer in der Hinsicht nicht so leicht beeinflussbar sind wie Frauen. Das liegt unter anderem daran, dass eine Frau einem Mann unbedingt optisch gefallen möchte, daher steckt dieses, von Medien heftig beeinflusste Idealbild im Kopf der Frau.

Männern ist das eher egal, nicht allen, aber den meisten Männern. Eines muss man schon auch sagen: Die Zeiten haben sich stark geändert! Es gibt die klassischen Gentlemen kaum noch, die immer den ersten Schritt machen, einem `nachlaufen´ oder die Herzensdame erobern wollen.

Nein, meine Damen, die Männer sind verunsichert, sie trauen sich heutzutage nur selten eine Frau von sich aus anzusprechen, mit der Vorstellung: „Die hat sicher einen Partner". Umgekehrt jedoch denkt sich die Frau ebenfalls: „Der hat sicher eine Freundin". Und so kommt man(n) und frau natürlich auf keinen Nenner.

Wie kann man das am besten vorbeugen und verhindern?

Meine Damen, ich verrate euch einen sehr banalen und einfachen Trick: Wer nix riskiert, der nix gewinnt! Oder wie lautet der Spruch so schön? Einfach hingehen und anreden – mit einer am besten ganz einfachen, nicht zu patscherten und auch nicht zu übertrieben überlegten Aussage.

Ganz simpel wäre zum Beispiel „Hallo, ich bin die XX, bist du öfters hier?" und fertig! Es schmerzt nicht und es kann auch nix passieren, außer du bekommst einen Korb, aber selbst das ist egal:

Hinfallen – Aufstehen – Krönchen richten – Weitergehen.

Was will ich nicht mehr und was hätte ich gerne (wenn möglich)

Als erstes sollte sich vorab jede die Frage stellen: Was will ich überhaupt? Das hängt unter anderem natürlich auch vom Persönlichkeitstypus ab. Wenn du jedoch eine Frau bist, die nicht weiß, was sie will, dann wird es schwierig. Darüber solltest du dir schon selber im Klaren sein.

Eine schöne Unterscheidung zu dem Thema des Wollens ist die Differenzierung der Persönlichkeitstypen:

- Sextyp
- Freundschaftstyp
- Beziehungstyp

Ich werde im Laufe dieses Kapitels Geschichten zu den verschiedenen Typen anführen, die Namen der handelnden Personen habe ich natürlich geändert. Folgende Paare sind den verschiedenen Typologien zugeordnet:

Beim Paar Nina & Stefan sind beide an der Lust am sexuellen Vergnügen [Sextyp] interessiert. Nina ist zu diesem Zeitpunkt single, Stefan lebt in einer Partnerschaft, aber führt eine für ihn offene Beziehung. Sie wissen beide voneinander und leben das auch so aus.

Das Paar Cornelia & Simon ist sehr gut befreundet [Freundschaftstyp]. Sie treiben viel Sport miteinander und treffen sich hin und wieder für gemeinsame Unternehmungen. An einer gemeinsamen Partnerschaft sind sie jedoch beide nicht interessiert.

Die Paare Claudia & Lars sowie Natascha & Dominik kann man dem Beziehungstyp zuordnen. Sie wollen eine fixe und monogame Partnerschaft eingehen und ein gemeinsames Leben miteinander aufbauen. Das ist zumindest das Ziel.

Der Sextyp

Der Sextyp möchte lustvolle Abenteuer und „nur" Sex. Ja, wir wissen das eh alle: Männer glauben, dass Frauen Sex nicht wichtig ist oder dass wir keine Pornofilme schauen. Das stimmt jedoch nicht. Weil natürlich gibt es diese Situationen, wo auch Frauen einfach nur Sex haben wollen und ganz bestimmt nicht auf eine ernsthafte Beziehung aus sind.

In diesem Fall ist eine Partnersuche ganz besonders einfach: Männer sind sehr einfach gestrickt! Egal ob in einem Lokal/Bar/etc. oder fürs Foto deiner Dating-Plattform: Setze dich mit einem hübschen Kleidchen, High Heels und tiefem Ausschnitt an die Bar und du hast gewonnen.

Auf einer Dating-Plattform musst du nur bei der Suche eingeben, dass du „nichts Fixes" suchst, und schon kannst du dich vor lauter Anfragen nicht mehr retten.

Aber Vorsicht: Jeder will guten Sex haben. Aus dem Grund ist die Auswahl nicht leicht. Klar, man weiß natürlich nicht im Vorhinein, wenn frau ihren potenziellen Partner an der Bar sitzen sieht oder mit ihm spricht; das kann frau leider nur riskieren und probieren. Guter Sex bedeutet für jeden etwas anderes.

Nina & Stefan

Eines Abends ging Nina mit ihren Freundinnen in eine Diskothek. Sie amüsierten sich hervorragend, tanzten, lachten, quatschten und kamen auch mit Männern ins Gespräch. Nina redete lange Zeit mit einem Stefan über Gott und die Welt und natürlich auch über viel Belangloses. Klar, es war ja zu dem

Zeitpunkt auch schon ca. 03:00 in der Früh, somit war niemand mehr gewillt, zum Beispiel über die Klimaveränderung oder über den letzten Lohnsteuerausgleich zu reden. Nach einer Weile sagte Stefan zu Nina: „Ich möchte dich jetzt einfach bumsen! Hast du was dagegen?"

Doch Nina hatte zu dem Zeitpunkt tatsächlich keine Lust, vermutlich auch, weil sie mit ihren FreundInnen in der Diskothek war, und schlagfertig wie Nina mal ist, sagte sie salopp retour: „Nein, jetzt nicht, eventuell später mal". Daraufhin sagte Stefan, dass er ihr seine Nummer gibt, und wenn sie mal Lust darauf hat, dann soll sie ihn doch einfach anrufen.

Gesagt getan, er gab ihr seine Nummer, und sie plauderten einfach weiter, als wäre diese kleine Zwischenfrage nie gewesen. Stefan erzählte ihr noch, dass er eine Freundin habe, aber sie führen eine offene Beziehung, in der jeder, wenn sie/er mal Lust auf Sex hat, jemanden mit heim nehmen dürfe. Für Nina war es sehr in Ordnung, dass Stefan so offen und ehrlich zu ihr war. Der Abend verlief für beide noch sehr unterhaltsam und witzig, man ging nach der Diskothek auf ein gemütliches Frühstück und verabschiedete sich.

Zirka vier Wochen später fischte Nina durch Zufall die Telefonnummer von Stefan aus ihrem Portemonnaie. Sie erinnerte sich an seine Worte, dass er ihr gesagt hat, dass sie doch einfach anrufen soll, sollte sie mal Lust auf „ihn" haben.

Gesagt – getan! Da Nina einen stressigen Tag hatte, erledigte sie noch ihre ganzen To-Dos und hat sich vorgenommen Stefan am Abend anzurufen.

Das Telefonat und die Reaktion von Stefan, dass Nina sich tatsächlich bei ihm wieder einmal meldete, war äußerst positiv und sie verabredeten sich für das kommende Wochenende in einer gemütlichen Weinbar in der Wiener Innenstadt. Es gab interessante Gespräche und guten Wein.

Nach der Weinbar kam der Entschluss für Sex in ein Stundenhotel zu gehen. In einem der bekanntesten Stundenhotels von Wien, das auch schon Drehplatz mehrerer Kriminalfilme war, landete man im Whirlpool eines Zimmers namens „1001 Nacht". Nach drei befriedigenden Stunden und zwei Flaschen Sekt fuhr wieder jeder zu sich nach Hause.

Diese ähnlichen Szenarien wiederholten sich noch ein paarmal, manchmal landeten die beiden auch in einem Swingerclub statt im Stundenhotel, im Sommer auch mal im Freien in der Lobau, wenn einem die Spanner hinter diversen Büschen und die vielen Gelsen nicht stören, ist das eine gute Alternative und auch Abwechslung. In so einem Fall ist jedoch keiner der beiden an einer Partnerschaft interessiert.

Der Freundschaftstyp

Der Freundschaftstyp will, wie der Name schon

sagt, einen Freund, mit dem „nur" was unternommen wird, also wandern, reisen, ins Theater/Kino gehen, Sporteln, gemeinsam ausgehen und Zeit verbringen.

Wenn du der Typ Frau bist, der derzeit ohnedies keine feste Beziehung haben möchte, dann wird sich deine Suche mit Sicherheit einfacher gestalten. Man kann sich nach einem Ausflug wieder aus dem Weg gehen und trifft sich wieder, wenn man Lust dazu hat. Man muss keine Kompromisse eingehen, sondern einfach nur Zeit finden.

Meist sind das dann auch solche Partner- oder Freundschaften, wo man sich doch ehrlich denkt: „Um Himmels willen, eine fixe Beziehung möchte ich mit dem Kerl nicht haben wollen, aber als Freund ist er einfach super!".

Dieses Thema sollte jedoch auf Gegenseitigkeit beruhen!

Sonst wird es spätestens beim nächsten Saunabesuch nach einem erfolgreichen Tennismatch eine spannende Geschichte.

Mit anderen Worten: Der Wunsch „nur Freundschaft" sollte ausgesprochen und von beiden Seiten akzeptiert sein.

Natürlich kann es vorkommen, dass sich nach mehreren Treffen etwas entwickelt. Oder es verliebt sich der/die eine in den/die andere/n.

Entweder wird es direkt kommuniziert, oder es ergibt sich aus diversen Anzeichen, wie zum Beispiel eindeutige Berührungen, und damit meine ich nicht nur die freundschaftlichen Umarmungen bei Begrüßungen.

Wenn du das nicht möchtest, und du bei der platonischen Beziehung bleiben möchtest, dann solltest du so ehrlich sein und das sagen. Entweder wird es vom Gegenüber akzeptiert, oder schlimmstenfalls solltet ihr den Kontakt in dem Moment meiden und euch nicht mehr so regelmäßig treffen wie bisher, bis mal „Gras über das Ganze gewachsen" ist. Bei einem der nächsten Treffen hat dein Gegenüber vermutlich schon eine neue Partnerin für eine fixe Beziehung gefunden.

Wenn du jedoch genauso fühlst wie der Andere, und du doch aus der Freundschaft eine feste Beziehung haben möchtest, und das Ganze in dem Fall auf Gegenseitigkeit beruht, dann ist es schön, dann wisst ihr, dass ihr gemeinsame Hobbys und Interessen habt, und – was auch ein großer Vorteil sein kann – er ist dir nicht komplett fremd und ihr kennt euch bereits mehr oder weniger gut.

In vielen Fällen sucht der Freundschaftstyp solche Sport- und / oder Ausflugskollegen dann, wenn man aus einer langfristigen Beziehung kommt, sich vor nicht allzu langer Zeit getrennt hat, und vorerst mal Pause vom Vorigen braucht.

Cornelia & Simon:

Cornelia und Simon kennen sich schon seit vielen Jahren. Sie unternehmen sehr viel miteinander, sporteln, oder treffen sich mit gemeinsamen Freunden.

Jeder hat vom anderen schon die bisherigen Beziehungen miterlebt bzw. die Partner / die Partnerinnen gekannt.

Es wird bei gemeinsamen Laufrunden und Treffen erzählt, beratschlagt, gewitzelt oder auch mal gelästert.

Eines Abends, nach einem gemeinsamen Treffen mit Freunden, in einem nicht mehr ganz nüchternen Zustand, da beim Treffen das eine oder andere Gläschen getrunken wurde, kamen sich die beiden in der Form näher, wie sie es nie wollten. Es kam, wie es offensichtlich kommen musste: Sie hatten Sex miteinander, schliefen sich aus, und am nächsten Morgen waren sie der Meinung, dass sie das nicht wiederholen sollten. Nicht weil der Sex schlecht war, sondern einfach, um die bisherige gute Freundschaft nicht zu zerstören und zu erhalten. So war es auch. Sie trafen sich weiterhin und verstanden sich blendend, so wie es immer war.

Diese Geschichte hätte jedoch auch anders ausgehen können. In diesem Fall zogen beide an einem Strang und waren derselben Meinung. Wenn sich jedoch eine(r) in den Anderen verliebt oder mehr haben möchte als Freundschaft, dann wäre diese Geschichte komplizierter ausgegangen und nicht so einfach wie bei Cornelia und Simon.

Der Beziehungstyp.

Jeder sehnt sich, um ehrlich zu sein, nach Verbindung und möchte eine Partnerschaft mit blindem Vertrauen, Verlässlichkeit, Rezept und Lebensfreude.

Das hört sich sehr schön und romantisch an und klingt wie nach einem Rosamunde Pilcher – Roman! Oder?

Doch, meine Damen, wir wissen alle, dass die Realität leider anders aussieht, sonst würdest du dieses Buch nicht lesen.

Der Beziehungstyp ist auf der Suche nach einer ernsthaften und fixen Partnerschaft.

Er will eine harmonische und unkomplizierte Zweisamkeit, ohne sinnlos lange Diskussionen wegen Belanglosigkeiten und gegenseitige Rücksichtnahme, mit dem Ziel ein gemeinsames Leben aufzubauen.

Natürlich gestaltet sich diese Suche viel aufwendiger und komplizierter als beim Sex- und Freundschaftstyp, weil es in diesem Fall um viel mehr geht. Es geht um das zukünftige Leben!

Man ist vorsichtiger und hinterfragt für sich selber sehr viel, bevor man zu viel Energie in den Beziehungsaufbau reinsteckt.

Du wirst dir dann vermutlich die Frage stellen, ob du eine harmonische, unkomplizierte Zweisamkeit möchtest, ohne Diskussionen, warum du für den gemeinsamen Wochenendeinkauf statt den fast schon braunen Clever – Bananen die noch gelben San Lucar – Bananen gekauft hast.

Jeder wohnt in seiner eigenen Wohnung, so dass man sich in Ruhe in sein eigenes Reich zurückziehen kann, und sobald man Lust, Sehnsucht und Zeit hat, trifft man sich.

Oder du möchtest eine unzertrennliche Zweisamkeit, mit sofortigem Zusammenziehen und Schlüsselübergabe der gemeinsamen Wohnung gleich nach dem zweiten Treffen.

Wenn dir das gefällt und du damit zufrieden bist, dann ist es gut, allerdings können solche „Hopp oder Drop" – Entscheidungen auch in einem kriegsähnlichen Desaster enden.

Zu diesem Punkt gibt es ein passendes Beispiel mit dem Paar Natascha & Dominik:

Natascha lernte in einer Bar einen für sich absoluten Traummann namens Dominik kennen. Die beiden verliebten sich sofort ineinander, zumindest glaubte man es. Das erste Date war für Natascha ein unvergesslicher Abend, sie gingen italienisch essen, tranken dazu eine feine Flasche Rotwein und hatten unendlich lange Gespräche.

Das zweite Date endete dann schon mit mehrere Orgasmen im Schlafzimmer.

Beim dritten Date übergab Dominik Natascha seine Wohnungsschlüssel mit den Worten, er möchte, dass sie immer bei ihm bleibt.

Natascha kannte daher Dominik kaum und diverse FreundInnen und Freunde von Natascha waren sehr wenig überzeugt von ihrem Vorhaben, aber natürlich widersprach keiner, sie akzeptierten es, schließlich war SIE glücklich.

Es hatte nach außen den Anschein, als wäre es die optimale glückliche Beziehung und sie hätten sich gesucht und gefunden.

Nach ca. einem halben Jahr, kam das böse Erwachen, und Dominik gestand seiner damals noch geliebten Natascha, dass er sich in seiner Arbeit in eine Kollegin verliebt habe, und er sich über seine Gefühle zur Natascha nicht mehr sicher sei.

Das Ganze endete desaströs, die beiden trennten sich, Dominik gab seinen Wohnungsschlüssel seiner neuen Liebe so rasch wie damals Natascha.

Natascha zog wieder in ihre eigene Wohnung zurück, die sie sich damals zum Glück beim raschen Einzug zu Dominik behalten hat.

Dieses plötzliche Ende hatte für sie verständlicherweise den Anschein, als hätte Dominik ein ‚Mindesthaltbarkeitsdatum' bei seinen x-beliebig daherkommenden Damen vorbereitet, und sobald eine der Auserwählten einen für Dominik fatalen Fehler seiner Liste machte, war diejenige auch schon wieder abgeschrieben.

Sie war natürlich über diese ganze Situation zutiefst traurig und unglücklich.

Natascha hat aus dieser Erfahrung gelernt, sie wird mit Sicherheit nicht mehr so rasch zu jemanden einziehen oder sich so schnell auf jemandem einlassen. Das Vertrauen ist dadurch gebrochen.

Natürlich möchte man auf der Suche nach neuen Beziehungen Fehler, die man in seinen vorhergegangenen Beziehungen gemacht hat, so gut wie möglich vermeiden.

Das heißt, wir stellen uns daher auf der Suche sofort die Frage: Um Himmels willen, was will ich nicht mehr! Bitte nicht mehr so einen „Verrückten" wie davor! Oder?

Was für die eine „verrückt" ist, das ist für die andere „normal" oder sie sieht drüber hinweg, es hängt davon ab, was man gewohnt ist, und welche Erfahrungen bis dato gemacht wurden.

Jede empfindet „normal“ als etwas anderes.

Über das Empfinden von Normalität ist ein Beispiel mit dem Paar Claudia & Lars angebracht:

Lars lernt über einen Freundeskreis Claudia kennen. Er verliebt sich sehr rasch in Claudia, sie ist sich über ihre Gefühle zu ihm jedoch sehr unsicher.

Aufgrund des Kindes, das Claudia aus einer früheren Beziehung mitbringt, und das Kind Lars ins Herz geschlossen hat, bleiben beide zusammen und versuchen eine gemeinsame Beziehung einzugehen.

Wie sich die Beziehung in den nächsten knappen drei Jahren gestaltet, ist irrelevant, es geht darum „abnormale“ Beispiele aufzuzeigen.

Als Claudia und Lars gemeinsam in eine größere Wohnung gezogen sind, hatten sie diverse Gespräche mit den Vormietern, darunter fällt ein wichtiges Thema, ob die Vormieter ausmalen sollen oder nicht und, ob sie diverse Dübellöcher verspachteln sollen oder nicht. Lars war der Meinung, dass die Vormieter die Dübellöcher doch lassen sollten, da man selber diese Löcher nach Einzug eventuell gut brauchen könnte.

Im Laufe der Zeit gestaltete sich das Ganze schon so

weit, dass bereits beim Frühstück diskutiert wurde, warum sich Claudia ein weichgekochtes Frühstücksei macht, da doch allgemein bekannt ist, dass ein Spiegelei viel weniger Energie und somit auch weniger Geld verbraucht und sparsamer ist als ein weichgekochtes Ei.

Mittlerweile sind Claudia und Lars kein Paar mehr, aber ohne große Behauptungen anzustellen, kann mit Sicherheit gesagt werden, dass Claudia DAS nicht mehr will. Diese diversen Thematiken in dieser Partnerschaft waren für Claudias Empfinden nicht „normal".

Was man will und was nicht hängt einerseits vom Charakter der Person ab, andererseits von den vorherigen Erfahrungen und Erlebnissen, die man bis dato in einer Partnerschaft gemacht hat und daher natürlich auch vom Alter der Person.

Solltest du eine Frau um die 20 – 30 sein, dann ist das noch das Einfachste und halbwegs Unkomplizierteste. Männer sind noch biegsam, sind in diesem Alter noch nicht verheiratet oder haben noch keine Kinder.

Auch wenn die Herren der Schöpfung das Wort „biegsam" nicht hören wollen, aber man kann behaupten, dass man Männer, vor allem in dem Alter um die 20, 30, sehr wohl erziehen kann wie Hunde oder kleine Kinder!

Aber streite deswegen nicht mit ihm, lasse ihm doch den Glauben, dass es nicht so ist, dass man Männer erziehen kann.

Männer hören immer gerne, dass sie recht haben, das widerspiegelt die Thematik, dass sie von der Art her sind wie kleine Kinder.

Solltest du eine Dame um die 30 – 40 sein, wird es schon schwieriger. Wenn du einen großen oder viele Freundeskreise hast, besteht noch die Chance, dass du einen Freund von einem Freund, oder wie auch immer über zehn Ecken, kennenlernen könntest. Jedoch im Großen und Ganzen ist das das Alter, in dem gerade recht viele in einer neuen Beziehung sind und glücklich frische Babyfotos herzeigen oder mit dem Hausbau angeben.

Solltest Du eine Dame ab 40 sein, ist das definitiv das Alter, wo auch die Damen mit großen Freundeskreisen mal zu einer Dating-Plattform zurückgreifen.

Die meisten Männer in diesem Altersbereich sind verheiratet, vergeben, homosexuell, geschieden, auf der Suche nach einem Seitensprung oder haben schlichtweg einen „Klescher", mit dem du dich dann nicht arrangieren kannst.

Es ist aber auch in einer gewissen Art und Weise logisch: Alle Personen in diesem Alter haben bereits ihre Erfahrungen, keiner will mehr Kompromisse eingehen oder sonst irgendwie seinen Lebensstil einschränken. Der wahre Egoist, egal ob Frau oder Mann, kommt zum Vorschein.

Die geschiedenen Männer sind dann meist die Männer, die Jahre davor noch mit dem Hausbau oder den Babyfotos angegeben haben.

Meine Lieben, ich möchte euch nun ein paar Fragen stellen, damit ihr selber für euch feststellt und sagen könnt, was ihr wollt und welcher Typ ihr seid!

Welcher Typ Frau bist du?

Erst einmal gilt es den eigenen Standort zu bestimmen. Ich habe hier einige Eigenschaften in der folgenden Tabelle zusammengestellt. Finde heraus, wie sehr die gemachten Aussagen auf dich zutreffen.

1	Trifft voll auf mich zu
2	Trifft hin und wieder auf mich zu
3	Trifft überhaupt nicht auf mich zu

Mache in der jeweiligen Spalte der für dich passenden Antwort einfach ein Kreuz oder Hakerl.

Ready? – Dann kann es auf der nächsten Seite losgehen!

Anliegen	1	2	3
Ich bin froh in meinem eigenen Reich zu sein, alles um mich rundherum interessiert mich nur wenig.			
Ich traue anderen sehr schnell und hinterfrage selten etwas.			
Ich bin sehr offen und komme leicht aus mir heraus.			
Ich bin ein sehr verschlossener Typ und schüchtern.			
Ich gebe ungern etwas her und Geld ausgeben ist mir zuwider.			
Ich lade gerne Andere ein und schenke sehr gerne etwas her.			
Ich flunkere manchmal und sage nicht gerne die Wahrheit.			
Ich bin sehr direkt und ehrlich.			
Auf mich ist immer Verlass.			
Ich vergesse gerne etwas und bin ein Chaot.			
Ich bin sehr gepflegt und lege Wert auf mein Äußeres.			
Ich möchte eine fixe Partnerschaft mit allen Ecken und Kanten.			

Zur Auswertung

Solltest du mehr als 7 Punkte im Bereich 1 (trifft voll auf mich zu) oder im Bereich 3 (trifft überhaupt nicht auf mich zu) ankreuzen, empfiehlt sich, über dich zu reflektieren. Womöglich bist du mit dir zu streng. Entweder bist du zu introvertiert und zu verschlossen, oder du bist zu extrovertiert und zu offen. Ein gesundes Mittelmaß ist gut.

Mehr als 7 Punkte im Bereich 2 (trifft hin und wieder auf mich zu), deutet darauf hin, dass du in vielen Bereichen keine klare Meinung hast und du ein bisschen unsicher bist. Du solltest das eine oder andere Mal an deinem Selbstbewusstsein arbeiten und es stärken.

Wie soll der potenzielle Partner für dich sein?

1   Ganz wichtig
2   Darf sein / muss nicht
3   Brauch ich nicht

Mache in der jeweiligen Spalte der für dich passenden Antwort einfach ein Kreuz oder Hakerl.

Ready? – Dann kann es losgehen!

Anliegen	1	2	3
Ich lege Wert auf gute Bildung.			
Die Körpergröße ist mir wichtig.			
Die Statur ist von Bedeutung.			
Ich achte drauf, ob er eine Glatze oder Haare hat, und wenn er Haare hat, sollten sie eine bestimmte Länge und Frisur haben.			
Ich möchte, dass er einen Beruf ausübt und sich selbst erhalten kann.			
Ich möchte, dass ich mit meinem Partner Sport treiben kann.			
Auf Bewegung lege ich viel wert.			
Er soll Haustiere mögen.			
Wenn er Kinder gern hat, dann ist das von Vorteil.			
Ich bin ein Genießer und esse gerne gutes Essen oder trinke das eine oder andere Mal gerne guten Wein/Whisky/etc. ..., wenn er mit mir diese Leidenschaft teilt, dann ist das ein Pluspunkt.			
Er soll sich für Musik (Pop / Rock / etc.) und Kino interessieren.			
Ich möchte mit ihm auf Klassikkonzerte gehen, Kunstfilme sehen, auch ein Museum besuchen, oder ins Theater gehen.			
Ich gehe gerne ins Kabarett und da ist es gut, wenn mein Partner mit mir mitgeht und sich ebenfalls dafür interessiert.			
Gemeinsam ein Schlager- oder Volksmusik-konzert zu besuchen wäre schon gut.			

Zur Auswertung

Solltest du mehr als 8 Punkte im Bereich 1 (ganz wichtig) ankreuzen, empfiehlt sich über deine Erwartungen zu reflektieren. Möglicherweise ist etwas mehr Offenheit angebracht.

Mehr als 8 Punkte im Bereich 2 (darf sein/ muss nicht), deutet darauf hin in vielen Bereichen noch keine klare Meinung zu haben und wirkt ein bisschen opportunistisch. Ganz egal, ich will einen Mann. Hier wäre ein Gespräch mit einer guten Freundin ratsam, um einige schärfere Grenzen zu ziehen. Es geht um dein Glück.

Mehr als 8 Punkte im Bereich 3 (brauch ich nicht) lässt auch den Schluss auf zu hohe und enge Erwartungen zu. Versuche dir die Punkte noch mal anzusehen. Vielleicht lassen sich einige Abstriche oder Kompromisse finden. Ansonsten schränkst du die Auswahl stark ein.

Der erste Kontakt

Wenn du eine „schüchterne Prinzessin" bist, die sich nie aus dem Haus traut und darauf wartet, dass der Traummann an der Haustür läutet und sagt: „Meine Süße, ich habe auf Dich gewartet", da kann man schon im Vorhinein sagen, dass in dem Fall aus dem Kennenlernen eines Mannes nix wird, weil das gibt es nicht.

Bist du die „resolute Selbstständige", die weiß, dass die heutige Männerwelt einfach zu wenig zusammenbringt und ‚frau' auch selber mal was anpacken muss, da kann es passieren, dass gewisse Männer eingeschüchtert sind. Es ist leider so, dass viele Männer mit charakterstarken Frauen nicht gut umgehen können. Sie sind verunsichert.

Das führt in die Urzeit aus der Tierwelt zurück, das Männchen hatte die Rolle das Weibchen zu beschützen. Er war das Oberhaupt der Familie, er muss Frau und Kinder beschützen. Daher darf man den Männern in diesem Fall nicht böse sein, sie wissen es nicht besser, sie sind so geboren.

Natürlich haben sich die Zeiten in den letzten tausenden von Jahren geändert, aber – c'est la vie – wie in den oberen Kapiteln schon erwähnt, lassen wir doch den Männern den Glauben, und die Welt bleibt für sie vermutlich nicht rosarot sondern himmelblau.

Männer sind wie Kinder, wenn du einem Mann sagt: „Du kannst mit charakterstarken Frauen nicht umgehen", kommt dann das „kindliche Ich" des Mannes zum Vorschein und es wird herumgezickt, dass es nur so kracht („das stimmt nicht" *bäh*).

Ja, meine Damen, es ist nicht leicht!

Oder bist du die „verrückte Henne", die ohne Genierer einfach alle möglichen Typen gleichzeitig anquatscht mit dem Gedanken: „Was kostet die Welt", Achtung, das ist gefährlich! Da kann der Gedanke mancher Männer auf"poppen": ‚Ey, die ist sicher leicht zu haben´. Ein gesundes Mittelmaß von allen Typen wäre die perfekte Lösung.

Wie geht man das Flirten und Daten also an? Gute Frage, wenn ich das wüsste, dann wäre ich vermutlich schon Millionärin!

Aber zwei Ansätze gibt es zumindest:

Über das Internet – Online Dating Plattformen

Da gibt es in Zeiten wie diesen mittlerweile mehr als genug Dating- und Singleplattformen.

Einige kostenpflichtige Plattformen wie Parship, ElitePartner, etc. ...

und einige kostenlose Plattformen wie Lovoo, Badoo, Tinder, etc..

Unheimlich viele.... Gib' im Internet über Google nur die Suche „Singleplattformen Österreich" ein, und du kannst ein paar Stunden durch die vielen Seiten schmökern.

Welche die Optimale für dich ist, das sollte jeder für sich selbst rausfinden, abgesehen davon, gibt es unterschiedliche Features, die jeder unterschiedlich gefällt. Es gibt Frauen, denen gefällt die klassische Suche über einen Rechner zu Hause besser als über eine App am Handy.

Die Singleplattformen, die man über eine App am Handy mittels „Wischfunktion" bedienen kann, funktionieren so, dass eventuell potenzielle Partner, die sich in deiner Nähe und in deinem Umkreis (den Km-Radius kann man in seiner Suche einstellen) befinden/wohnen/aufhalten, dir am Handy als Vorschläge angezeigt werden.

Wenn er dir gefällt, dann musst du am Handy nach rechts wischen, wenn er dir nicht gefällt, dann nach links, ... oder umgekehrt? Die Plattformen Tinder und Lovoo handhaben das zum Beispiel in dieser Form.

Klar, auf gratis Seiten ist natürlich das Risiko groß, dass – verzeiht, den Ausdruck – viel Mist bei den Suchenden dabei ist. Das liegt natürlich daran, dass die Mitgliedschaft auf diesen Plattformen nichts kostet, man ist gratis dabei.

Das braucht natürlich auch mehr Zeit, den für dich optimalen Partner zu finden, da darunter sicher auch viele Kandidaten sind, die keine fixe Partnerschaft suchen.

Bei den kostenpflichtigen Seiten wie zum Beispiel Parship oder ElitePartners könnte man glauben, dass die Suchenden es auch ernster meinen, einen Partner zu finden, als wenn sie auf gratis Seiten suchen würden.

Kann sein, muss aber nicht sein.

Du kannst dich natürlich auch auf mehreren Singleplattformen anmelden. Warum auch nicht? – wie am Anfang des Buches schon erwähnt, sollte man die ganze Partnersuche nicht allzu ernst angehen und auch mit etwas Humor nehmen (siehe das Beispiel mit dem „Einkaufen gehen").

Die Variante mit den Singleplattformen ist auch

optimal für Personen, die nicht gerne außer Haus gehen, wenig Freunde haben, einfach „nur" schüchtern sind, oder sich nie trauen würden, in der Zivilisation jemanden anzusprechen.

Oder du bist eine Frau ab 40 und hast bereits alle möglichen Freunde und/oder Bekannte von Freunden `abgehackt´, den Glauben an halbwegs passable Männer in deiner Umgebung verloren, und widmest dich einer Plattform mit dem Gedanken: „Jetzt is' auch schon egal, probiere ich es halt mal".

Die typischen suchenden Männer ab 40 sind die: Geschieden und zwei Kinder. Zumindest geben sie es vor – ACHTUNG! – es gibt leider viele Männer, die sich auf einer Singleplattform „rumtummeln", jedoch in einer für sie unglücklichen Beziehung leben, oder (noch) verheiratet sind, und wenn man sie fragt, was sie dann da zu suchen haben, so kommt dann meist die Antwort: „Ich möchte mich von meiner jetzigen Partnerschaft trennen und schaue, was alles am Markt ist".

Sofern sie es auch ehrlich zugeben, natürlich, denn im Grunde können sie dir auch vortäuschen Single zu sein. Alles ist möglich.

Der Erstkontakt der Männer läuft meist so ab, dass die erste Frage lautet: „Was suchst Du?"

Oder du bekommst ein Bild von seinem ‚besten Stück', was ehrlich gesagt eher für Amüsement sorgt.

Wenn dir das passiert, dass du ein Foto von seinem Penis bekommst, dann solltest du das am besten mit Humor nehmen und den Komiker abblitzen lassen, wie zum Beispiel mit der folgenden Reaktion: „Bei dir ist es aber kalt, du solltest besser einheizen". Damit rechnet der Gegenüber vermutlich nicht.

Für solche Zwecke gibt es genug Plattformen, die nur auf reine Sexabenteuer ausgerichtet sind.

Die Erfahrungen auf einer Singleplattform sind unterschiedlich.

Die einen berichten von durchaus guten Erfahrungen, die Treffen verliefen positiv mit guten Gesprächen und sie wurden auch nie versetzt.

Die anderen berichten von schlechten Erfahrungen, der Erstkontakt war negativ; in diesem Fall kommt es jedoch zu keinem Treffen. Sollte es trotzdem einmal zu einem Treffen kommen, so kann es passieren, dass sie versetzt werden. Solche Erlebnisse frustrieren natürlich und motivieren auch nicht, auf einer Singleplattform weiterzusuchen.

Zwei Beispiele über das Daten auf Singleplattformen

Beispiel 1:

Simona hatte sowohl positive als auch negative Erfahrungen, Penisfotos wurden ihr des öfteren geschickt. Sie hatte verschiedene Dates, mit vielen hat sie sich nur einmal getroffen, ein paar Männer waren jedoch dabei, die sie zwei- oder sogar dreimal getroffen hat.

Eines ihrer ersten Treffen war mit einem Peter, bei dem sie einen maßlos guten Eindruck hinterlassen hat, sie haben sich dreimal getroffen, jedoch war das dritte Date für Simona schon sehr eigenartig: Er kam ihr übertrieben schüchtern vor, für das, dass sie sich bereits schon zweimal getroffen haben. Es war kein Fortschritt zu bemerken.

Jedoch war es von Beginn an so, dass sich Peter offensichtlich ab dem ersten Date schon in Simona unendlich verliebt hatte, was er ihr auch des öfteren mitgeteilt hat. Das kam Simona natürlich gespenstisch und gruselig vor, schließlich kannten sie sich nicht einmal wirklich.

Und was will man nach einmal Treffen schon über die/den Andere/n schon sagen? – das Ganze endete so, dass sich die beiden nach dem dritten Treffen nicht mehr gesehen haben. Simona war so ehrlich und sagte Peter, dass ihr das zu schnell geht, und er für sie zu wenig Interesse weckt. Mit seinem, für Simonas Empfinden viel zu raschen Liebesgeständnissen, drängte er sie in die Enge, sie fühlte sich dadurch erstickt.

Simona wollte, im Vergleich zu Peter, sich über ihre Gefühle zu ihm klarer werden. Das wäre vermutlich für beide gut ausgegangen, wenn man dem Ganzen mehr Zeit gelassen und sich vorab ein bisschen besser kennenlernt hätte.

Beispiel 2:

Karina suchte auf einer Singleplattform ihren neuen potenziellen Partner. Sie war bereits schon seit einem guten Jahr Single und fand, dass es an der Zeit war, wieder eine neue Beziehung einzugehen.

Sie meldete sich auf einer der Gratisplattformen an, auch sie hatte sowohl positive als auch negative Erfahrungen.

Sie schrieb unter anderem mit einem Mann, der für sie hübsch und attraktiv aussah; er war, laut seiner Profilbeschreibung und seinen Erzählungen, beruflich sehr erfolgreich, geschieden und hatte zwei Kinder.

Ein paar Tage später fand sie zufällig die gleiche Person mit ein- und demselben Foto und der gleichen Berufsbezeichnung. Er war mindestens weitere zwei Male noch auf der gleichen Plattform angemeldet. Das ist natürlich sehr merkwürdig.

Auf Karinas Frage über die beiden anderen Profile, ob er derjenige sei, kamen nur seltsame verleugnende Reaktionen und abweisende Bemerkungen. Mit diesem Kandidaten kam es natürlich nicht zu einem Treffen.

Die klassische Variante

Eine weitere Variante des Kennenlernens wäre noch persönlich – an der Bar, beim Einkaufen, beim Sport oder ...

Natürlich ist dieser Weg jemanden kennenzulernen noch immer der klassische, so wie vor dem Internetzeitalter. Es ist persönlich, man sieht denjenigen sofort, der erste Eindruck ist erledigt.

Der Vorteil ist, dass man zumindest instinktiv weiß, wem man gegenübersteht. Im Internet kann man lügen, aber wenn man jemandem gegenübersteht, dann gibt es kein mit Photoshop verändertes Bild, sondern man weiß sofort, mit wem man es zu tun hat.

Das persönliche Kennenlernen kann sich auch durch einen witzigen Zufall ergeben. Es muss nicht alles nach Vorgabe ablaufen.

Dein erster Schritt

Wie in einem der oberen Kapitel bereits erwähnt, sind die Zeiten vorbei, in denen der Mann den ersten Schritt macht. Viele trauen sich nicht mehr. Sie glauben: „Die hat sicher einen Partner" oder: „Wenn ich sie anquatsche, dann glaubt sie vermutlich, dass ich sie sexuell belästige, in Zeiten von meToo ist doch alles möglich".

Und sie sprechen, aus welchen Gründen auch immer, die für sie vermutliche Traumfrau nicht an.

Man braucht auch keine sinnlosen Anmachsprüche, ein einfaches „Hallo, ich bin die XXX. Kommst du öfters her?" reicht meist vollkommen. Wenn das Gegenüber dann ablehnend reagieren sollte: Ja, was soll's? – Schlimmeres passiert nicht.

Sich bloß nicht durch einen Korb unterkriegen lassen, sich einfach denken: ‚Der war's dann eh nicht wert' – das ist die Devise! Bitte nichts persönlich nehmen. Bestenfalls entsteht durch deine doch recht simple und schlichte Frage eine gute Kommunikation und dein Gegenüber reagiert positiv. Das hat sich dann doch ausgezahlt und gelohnt eventuell den ersten Schritt gewagt zu haben.

Wenn man mit anderen Personen unterwegs ist, dann ist man doch auch meist abgekapselter und Männer trauen sich dann erst recht nicht dich anzusprechen.

In dem Fall ist es dann sicher besser, wenn du den ersten Schritt wagst. Man kann das Ganze ja auch noch in einen guten Schmäh verpacken, indem man von der Gruppe jemanden vorschickt, oder ein Freund oder eine Freundin von dir aus der Gruppe, versuchen ihn mit Worten zu locken, dass er zu euch dazukommt, so kommt ihr dann auch ins Gespräch.

In unserer schönen Bundeshauptstadt und in den

Landeshauptstädten gibt es schon ein paar Lokalitäten, die sich hervorragend zum Kennenlernen eines Partners eignen (siehe Anhang 1).

Hier zwei Beispiele aus Wien: In der Innenstadt gibt es ein sehr gemütliches und auch lustiges Musikerlokal namens „Casablanca". Das Lokal hat eine kleine Bühne, eine Bar und einen oberen Bereich mit ein paar Möglichkeiten zum Sitzen. Obwohl, oder vermutlich auch gerade deshalb, es am Wochenende immer Live-Musik gibt, kommt man immer mit jemanden ins Reden.

Ein weiteres Lokal in der Innenstadt ist die „Bettelalm". Diese Lokalität ist jedoch eine Diskothek, wo zu späterer Stunde ganz gerne Schlager gespielt werden.

Weitere Methoden des persönlichen Kennenlernens wäre in einem Aufzug, beim Baumarkt, in einem Kaufhaus oder, wenn du Kinder in dem entsprechenden Alter hast, auf dem Spielplatz.

Der Spielplatz bietet auf alle Fälle eine gute Gelegenheit, da im Normalfall dort länger Zeit verbracht wird als zum Beispiel in einem Aufzug. Da hat man einen guten Start für ein Gespräch wie zum Beispiel „Wie alt ist dein Kind?" ... und der Rest ergibt sich von selber.

In einem Baumarkt gibt es die Möglichkeit den Interessenten nach fachspezifischer Auskunft zu fragen oder mit dem Schmäh zu packen, wie zum Beispiel: „Im Baumarkt spielen die Verkäufer immer sehr gerne verstecken. Kannst du mir vielleicht helfen?".

Man muss den Nippel durch die Lasche ziehen – auch Technik spielt eine Rolle

Wie geht man nun das Ganze an? Auch in diesem Fall muss ich erwähnen, dass es kein Patentrezept für dieses Thema gibt. Kann es auch gar nicht, denn jeder Mensch ist unterschiedlich: Was die einen wollen, können die Anderen überhaupt nicht ausstehen und umgekehrt. Den einen gefallen eventuell für dich charmante und schöne Anreden, die anderen finden das vermutlich sehr plump und einfach.

Aber wie bereits im oberen Kapitel erwähnt, ist man mit einem ganz einfachen: „Hallo, ich bin die XXX" für's Erste mit Sicherheit mal nie falsch. Das bezieht sich auf ein persönliches Kennenlernen in einer Lokalität. Im Kaufhaus, Aufzug, bei einem Parkplatz, beim Spielplatz, oder wo auch immer, sollte es der Situation entsprechend anpasst werden.

Im Internet auf einer Singleplattform ist das anders. In diesem Fall suchst du ganz bewusst nach Personen, die dir vom optischen Eindruck gefallen.

Auch über diesen Weg kann man sich heutzutage ohne weiteres trauen, als Erste mit einem Mann Kontakt aufzunehmen, ihn also anzuschreiben.

Aber lass' dir was Originelleres einfallen, als nur ein „Hallo" – das ist definitiv zu wenig.

Weil das Schlimmste, was passieren kann, ist, dass dein Gegenüber auch ein simples „Hallo" zurückschreibt. Ja, und was dann? Wie weiter?

Klingt komisch, bringt jedoch nicht viel.

Vorschlag: Man geht doch davon aus, dass derjenige ein paar Einträge in seinem Profil hat, sowie auch ein Foto. Nein, man geht nicht nur davon aus, sondern man kann es fix annehmen, da man, soviel ich lt. meinen bisherigen Erfahrungen weiß, sich sonst auf einer Plattform nicht registrieren kann.

Somit kannst du als erste Anrede gleich mal als Aufhänger sein Foto nehmen oder einen Eintrag, der dich besonders anspricht.

Leider ist es so, dass die wenigsten wirklich gute Fotos von sich auf dem Profil haben, geschweige denn ein richtiges Fotografenfoto, meist sind es verschwommene unter- oder überbelichtete Selfies, nicht gut, aber es gibt damit einen triftigen Grund ihn anzuschreiben.

Frauen posten gerne Fotos mit ihren Katzen, Männer posten gerne Fotos mit ihren Hunden und meistens auch mit einem Bier oder an der Bar. Wenn du ebenfalls Tierbesitzerin bist, dann ist das schon eine ganz gute Basis für ein Gespräch.

Wenn du gesellig bist, auch hin und wieder gerne mal fortgehst, dann ist das Barbild sicherlich ein guter „Aufhänger" für ein Gespräch.

Und auch hier gilt: Nicht unterkriegen lassen und absolut gar nichts persönlich nehmen! Vor allem aber: Nicht ärgern, das zahlt sich absolut nicht aus.

Es gibt keine 2. Chance für den 1. Eindruck

Der erste Eindruck ist der Wichtigste! Das war und ist schon immer so und wird auch immer so bleiben! – Egal ob am Arbeitsplatz oder auch beim Dating. Wenn man einen Menschen vorerst nur sieht, ist natürlich das Optische entscheidend.

Wenn man mit demjenigen ins Reden oder Schreiben kommt, dann kann man sich einen weiteren Eindruck bilden.

Egal, ob sich der für dich attraktive Typ beim Reden oder Schreiben als absoluter „Prolet" oder Unintelligent rausstellt, „sei immer höflich, sei immer nett", ... wie einer unser besten Austro-Popper, Georg Danzer, schon gesungen hat. Es zahlt sich nicht aus, sich auf die gleiche untere Schublade zu stellen oder schlimm-stenfalls noch tiefer.

Du hast dir deinen Eindruck gebildet, du kannst dir

noch denken „Trottel" (für dich!) und sagst ihm mit einem freundlichen „Ich glaube, wir beide würden nicht zusammenpassen." Lebewohl.

ABER – das gehört zur Höflichkeit: Niemals totstellen oder gar nicht mehr reagieren! Auch wenn das leider die meisten Menschen machen. Ja, und? – Du bist etwas Besseres!

Wenn sich der für dich attraktive Typ beim Reden oder Schreiben als absolut für dich passend rausstellt: Jackpot! ...

Hier ein paar Chat -Beispiele

Betrug

(Wunderschöne junge Frau schreibt Mann 50+ an)

Ich kann dir gerne das Ticket kaufen und schicken

Nein, schicke mir bitte Geld

Ich kaufe dir das Ticket und schicke es dir. Geld gebe ich dir, wenn wir uns treffen

(Sie hat den Chat verlassen)

Unverschämt

Hallo, mir gefallen deine Fotos

Super, ich schicke noch mehr

(Schickt ein Penis-Foto)

Wow, es muss kalt bei Dir sein, du solltest einheizen

(Sie hat den Chat verlassen)

Seriös

Hallo…Name…ich finde dein Profil ansprechend

Hallo…Name…vielen Danke für deine Nachricht, ich finde dein Profil auch toll und mag deine Bilder.

Darf ich dich fragen, ob du Single bist?

Ja, ich bin seit drei Jahren geschieden

Hast Du Kinder?

Ja, einen Sohn und eine Tochter, 14 und 12 Jahre alt. Die beiden sind jedes 2. Wochenende bei mir

Ich bin auch seit einem Jahr Single und habe einen Sohn mit sieben Jahren, der bei mir lebt.

Seriös

Hallo…Name…deine Bilder sind toll und deine Hobbys klingen interessant

Das freut mich, ich mag auch deine Bilder, gehst du auch gerne wandern.

Ja, ich bin gerne in der Natur, auch wandern

Ich würde dich gerne kennen lernen, hättest du Lust auf ein Telefonat?

Telefonieren ist nicht so meins, auch nicht das lange Herumschreiben. Ich bin eher dafür, dass wir uns bald mal treffen

Ich würde Dich gerne persönlich kennenlernen und dich auf eine Tasse Kaffee und einen Spaziergang einladen

Sehr gerne.

Seriös

Hallo

Hallo, ich freue mich über deine Nachricht

Das ist schön

Ich würde dich kennenlernen, dein Profil und deine Bilder sind sehr sympathisch

Du bist auch sympathisch

Möchtest du etwas von mir wissen?

Bist du Single und was machst du beruflich?

Ich bin seit 2 Jahren Single und lebe allein. Ich arbeite als Software-Entwickler in Wien.

Der zweite Kontakt – worüber redet Frau dann (und worüber nicht)

Wenn der erste Kontakt gut funktioniert hat, und es zu einem zweiten Treffen kommt, so kann man sich zu Hause noch in Ruhe überlegen, wie man eventuell das Weitere angeht.

Bitte NIEMALS beim Date über einen deiner Expartner sprechen oder schlimmstenfalls `schwärmen´, niemals Vergleiche aufstellen und schon gar nicht über Ex-Partner schimpfen. Das macht man (frau) nicht!

Es hinterlässt ein ganz übles Bild: Beim ständigen Erzählen oder Schwärmen könnte es den Eindruck erwecken, dass du noch nicht ganz los vom Vorgänger bist.

Beim Schimpfen hinterlässt es den Eindruck, dass du ohnedies hinterrücks über Jeden schlecht redest. Willst du das wirklich? Oder ist das deine Grundhaltung?

Auch nicht zu viel über die eigenen Kinder sprechen, ein bisschen das Thema anstoßen, wenn man Kinder hat, ist möglich, aber den ganzen Abend über Babybrei, Schuleintritte oder Pubertät zu reden, könnte das Gegenüber langweilen.

Über die Arbeit kann man immer erzählen, aber auch hier gilt: Nie über KollegInnen oder Chefitäten schimpfen.

Ganz gut kommen bei Männer die Themen Sport und Hobbys an. In welcher Zeit man den letzten Marathon gelaufen ist, oder dass man den Mount Everest erst letztes Jahr bestiegen hat, etc. – ja, das sind immer gute Themen.

Das Thema Hobby ist mit Vorsicht zu genießen, wenn man gerne strickt und stundenlang über diverse Strickmuster plaudert, dann wird das auch beim Gegenüber eher in Langeweile abrutschen (es sei denn, man (frau) trifft sich mit einem Handarbeitslehrer aus einer HBLA).

Das Happy End – und was könnte danach kommen?

Gratuliere! Offensichtlich waren auch weitere Treffen erfolgreich. Es kribbelt etwas im Baucherl (alias Schmetterlinge), wenn du eine Dame bist, die sich sehr schnell verliebt, dann ist dies vermutlich schon geschehen. Die rosarote Brille ist da – *tralala* Regenbogen, Glitzer, Feenstaub!

So zumindest mal die ersten Monate!

Es kann, muss aber natürlich nicht sein, dass deine rosarote Brille abfällt und du dir nach spätestens einem Jahr denkst: „Was hat mich denn da bloß geritten" [kleiner Wortwitz].

Oder du bist eine der Glücklichen, bei der dieses Gefühl nie auftritt und sich bei dir das Gefühl eingenistet hat, dass du den „Mann für's Leben" gefunden hast. Das ist schön.

Aber auch hier gilt: Respekt, Vertrauen, Ehrlichkeit und Humor! – das sollte in einer Beziehung nie vergessen werden!

Gegenseitig aufeinander eingehen muss man immer.

In einer Beziehung sollte man sich selber im Klaren sein, wo man bereit ist Abstriche zu machen oder nicht. Es gibt Beziehungen, in denen die Partner schon vor ewigen Jahren geklärt haben, dass sie einmal im Jahr getrennt Urlaub machen, für andere Paare käme das gar nicht in Frage.

Auch Sex ist und bleibt eine wichtige Stelle in einer Beziehung. Wenn das nicht mehr klappt, ist einer der wichtigen Pfeiler weg, und dann kommt es leicht zu Seitensprünge, schlimmstenfalls zu Trennungen. Es sei denn, man ist ein Swinger-Pärchen oder führt eine offene Beziehung, aber das ist ein komplett anderes Kapitel. Darüber wird eventuell irgendwann einmal ein weiteres Buch in einer Mußestunde geschrieben...

Für schlaue Frauen:
Alle No-Gos alphabetisch

Allergien Oh mein Gott! Bitte niemals ständig über diverse Allergien oder sonstige Krankheiten erzählen. Das kann sehr nerven. Dein Gegenüber glaubt dann: „Um Himmels willen, was hat die nicht?"

Beziehungen Sofern man eine fixe Partnerschaft sucht – und sollte das Thema nicht schon vor dem ersten Treffen geklärt worden sein – ist es natürlich wichtig zu erwähnen, dass man (frau) eine Beziehung haben möchte. Aber bitte nicht darauf drängen, das könnte beim Gegenüber ein Fluchtgefühl auslösen. Auch nicht auch schon beim ersten Date darüber reden, dass man eine Familie haben möchte und Kinder oder noch weitere Kinder, sollte(n) schon (ein) Kind(er) von Vorbeziehungen vorhanden sein. Es ist ratsam, nicht laufend über die vorigen Beziehungen zu faseln.

Chronologisch   Keine chronologische Reihenfolge oder eventuell sogar eine Liste deiner bisherigen Partner aufzählen. Man kann für sich persönlich eine Rankingliste aufstellen, diese aber nicht dem eventuellen Partner erzählen.

Dates   Man (frau) kann schon über ihre bisherigen Dates erzählen, aber nicht das ganze Treffen lang, das kann mit der Zeit fadisieren. Und auch hier gilt: Niemals über jemandem schimpfen oder sich eventuell sogar lustig machen! Das ist beleidigend. [siehe auch den Pkt. Ex]

Ehe   Nach Möglichkeit nicht gleich bei einem der ersten Treffen über die Möglichkeit einer Heirat reden, sowie auch nicht über die bisherigen, offensichtlich gescheiterten, Ehen. Das schreckt den Gegenüber ab und löst Fluchtverhalten aus. [siehe auch Beziehungen und Heiraten]

Esoterik   Das ist ein ganz empfindliches Thema, und kann, wenn man sich mit dem richtigen Partner trifft, der sich bestenfalls genauso intensiv dafür interessiert und damit beschäftigt, ein richtig roter Gesprächsfaden für das Treffen werden. Frauen sind auf diesem Gebiet etwas empfänglicher und sensibler als Männer.
Aber wenn man sich mit Jemanden trifft, der gar nichts dafür übrig hat, dann kann das leider auch ganz schön ins Aug gehen, und dein Gegenüber denkt sich dann schlimmstenfalls: „Was für eine Spinnerin". Jackpot wäre natürlich, du findest jemanden, der

diesbezüglich genau auf der gleichen Wellenlänge ist
wie du.

Ex Auch hier gilt, frau kann schon über ihre
bisherigen Ex-Partner erzählen, aber niemals über
sie/ihn schimpfen. Das erweckt beim Gegenüber den
Eindruck: „Um Himmels willen, wer weiß, wie die
dann über mich vor anderen redet" [siehe auch den
Pkt. Dates]

Familie Sehr gerne kannst du über deine Familie
reden, aber nicht gleich bei einem der ersten Treffen
verlangen, dass er zum Mittagessen zur Mama
mitkommt. Das ist zu früh und schreckt ab.

Geld Wie bereits in einem der oberen Kapitel
erwähnt, sind die 50er-/60er-Jahre vorbei. Damals
war es so: Der Mann arbeitet und bringt das Geld
heim, während die Frau zu Hause ist bei Haushalt und
Kind(ern). Mann bricht zum Jagen auf und bringt das
Essen heim, Frau kümmert sich um die Erhaltung der
Höhle und um den Nachwuchs. Das war mal so.....
Es ist nicht mehr so, dass zum Beispiel bei einem
Treffen nur noch der Mann einladet. Da die Frauen
unabhängig geworden sind, und auch einen eigenen
Job haben und arbeiten, ist die Denkweise etwas
anders. Halte es daher nicht für selbstverständlich,
dass du eingeladen wirst! Sofern du ohnedies nicht
gefragt wirst, ob er dich einladen darf, wäre die
Optimallösung: Wechselt euch bei den Treffen mit
dem Zahlen ab! Nicht angeben, wieviel du verdienst
und/oder wie toll du mit Geld umgehen kannst. Auch

hier gilt, dass die meisten Männer mit charakterstarken Frauen nicht umgehen können und ihr männlicher Ego es nicht verkraftet, wenn eine Frau mehr verdient als der Mann – ist so! Was soll's, lass' ihm doch den Glauben.

Haustiere   Das ist ein ganz sensibles Thema. Am besten wäre es, wenn du dich ebenfalls mit einem Haustierbesitzer triffst. Sonst kann ein Treffen beim Thema „Haustier" mühsam werden, etwa wenn du erzählst, wie süß das doch sei, wenn ‚dein Katzi Schnurli bei dir im Bett kuschelt' oder dass dein ‚Hundi Rexi den letzten Kauknochen so putzig zerbissen hat'. Da kann es schon passieren, dass sich dein Gegenüber über dich lustig machen wird.

Heiraten Nicht gleich bei einem der ersten Treffen über die Möglichkeit einer Heirat reden. Das schreckt dein Gegenüber ab und löst Fluchtverhalten aus. [siehe auch die Pkt. Beziehungen und Ehe]

Hobbies Hobbies können ein sehr gutes Thema sein, vor allem, wenn man die gleichen Hobbies und Interessen hat. Ungut ist es nur, wenn die Hobbies komplett auseinander gehen, dann erzählt der eine dieses, der andere jenes. Ein gemeinsamer Nenner wäre gut.

Ironie Ironie ist gut. Aber zu viel Ironie schadet und kann einerseits den anderen nerven oder aber auch verunsichern, vor allem, wenn er dich noch nicht kennt und ihm dein Schmäh noch nicht bekannt ist.

Jacht Das ist in einer Art und Weise „Besitz" und Besitz bedeutet Macht und Geld, damit können Männer schlecht umgehen, wenn Frau es hat. Daher bitte nicht angeben, wie toll es ist, wenn du jeden Kroatien-Urlaub mit deiner 20-Meter-Jacht und deinem 20-jährigen, hübschen, gut gebauten Kapitän von einem einsamen Strand zum nächsten fährst.

Ja-Sager Nein, auch Männer wollen Widerspruch! Wenn du bei allem Ja und Amen sagst, dann glaubt er, dass du ohnedies keinen eigenen Willen und Interessen hast und man(n) mit dir machen kann, was er will.

Kinder Das Thema hatten wir bereits in den vorigen Kapiteln. Sehr gerne kannst du über Babybrei, Schuleintritte oder Pubertät deines Kindes / deiner Kinder erzählen, aber nicht das ganze Treffen lang, das kann mit der Zeit langweilen.

Küssen Kein Patentrezept – Bitte dieses Thema muss jede für sich und durch die Entwicklung des Treffens entscheiden, ob es eine gute Idee ist, sich gleich bei einem der ersten Treffen zu küssen!

Liebe Nicht bei einem der ersten Treffen sagen, dass man verliebt ist! Das ist gruselig und unrealistisch. Vor allem entsteht dann gleich der Gedanke, dass du dich auch sehr schnell wieder ‚entlieben' kannst, wenn du dich auch so schnell verliebst. Oder?

Mauerblümchen Stell' dich nicht als braves, biederes

und unschuldiges Mädchen hin, das du vermutlich auch nicht bist.

Nacktfotos   Zeige bei einem der ersten Treffen niemals Nacktfotos von dir, solltest du auf eine fixe Beziehung aus sein.

Operationen   Es ist nicht besonders beeindruckend und antörnend, wenn man bei einem der ersten Treffen von diversen Schönheitsoperationen spricht, die man an seinem Körper vor oder eventuell schon hinter sich hat. Das lässt den Eindruck erscheinen, dass du sehr eitel bist und nur „aus Plastik" bestehst.

Penis   Nein, bitte frag ihn nicht, ob er mit der Größe seinen „besten Stücks" zufrieden ist!

Quarantäne   Dieses Thema ist derzeit noch akzeptabel, da wir alle aufgrund von Covid mindestens eine Quarantäne durchmachen mussten. ABER es nervt schon, am besten nicht mehr über Corona, Lockdown & Co. reden.

Reden   Gute Kommunikation ist immer wichtig, aber nicht zu viel oder nur für sich reden. Auch mal den anderen zu Wort kommen, ausreden lassen und vor allem: ZUHÖREN.

Sex Kein Patentrezept – Bitte dieses Thema muss jede für sich und durch die Entwicklung des Treffens entscheiden, ob es eine gute Idee ist, gleich bei einem der ersten Treffen Sex miteinander zu haben!

Schönheit Niemals fragen, ob du schön bist! Das erklärt sich von selbst, sonst würde sich dein Gegenüber doch nicht mit dir treffen, sollte er dich nicht attraktiv finden.

Sport Sport ist immer ein gutes Gesprächsthema. Es ist schlecht, wenn du beim Treffen groß und breit erzählst: „Sport ist Mord! Ich mag‘ mich gar nicht bewegen".

Trommel-Workshop [siehe Esoterik]

Unkompliziert Stell dich nicht als furchtbar anstrengende Zicke hin. Wenn ihr euch in einem Lokal trefft, dann ist es nicht gut, wenn du schon am Anfang des Treffens beim Kellner eine mühsam und komplizierte Bestellung aufgibst. Beispiel: „Ich möchte bitte einen Gin-Tonic aber mit 1/3 Gin und 2/3 Tonic, 3 Eiswürfel, dazu und einen Strohhalm mit einem roten Cocktailschirmchen" → WTF!!! Der wird schon wissen, wie man einen guten Gin-Tonic macht!

Vögeln [siehe Sex]

Wanderungen [siehe Sport]

Xenophob Na na na, niemals so „klugscheißen", dein Gegenüber kann das wissen, muss aber nicht. Und wenn der Gegenüber dann doch ein „Klugscheißer" ist und du beim Date nur beeindrucken wolltest, dann kann das auf Dauer mühsam werden und auch langweilig. Du kannst es natürlich auch als Test

einsetzen, ob er sich als Dumpfbacke herausstellt –
dieses Thema ist jedoch mit Vorsicht zu genießen.

Yacht [siehe Jacht]

Zynisch   Auch hier gilt: Ein zynischer Einschlag
kann witzig sein; allerdings ist es gefährlich, wenn
dein Gegenüber dich noch gar nicht kennt und dein
Schmäh ihm noch nicht bekannt ist, dann weiß er
nicht, mit wem er es zu tun hat, und das kann ihn
verunsichern.

Umdrehen und die
Sicht der Männer lesen

Andreas Bauer: Ich bin mindestens 50 Jahre alt (last time I checked). Nach einer langen kaufmännischen „Karriere" arbeite ich seit 10 Jahren als Trainer & Coach in der Erwachsenbildung und mit Jugendlichen. So sehr mich diese Arbeit auch freut und erfüllt, meine Leidenschaft lag schon immer in der Pop & Rockmusik und im Kino. Dazu blogge ich auch regelmäßig in meiner Kolumne „Sunday Morning Coming Down".
(www.goodatwise.com)

Nach meiner Scheidung (2012) hatte ich die Möglichkeit verschiedenste Online-Dating-Plattformen kennen zu lernen. Die Erfahrungen damit beinhalten wunderschöne Erlebnisse, wie auch Irrwege und Peinlichkeiten und führten letztlich auch zu der Idee für dieses Buch.

Da wir Männer immer noch nicht viel über die Frauen wissen oder verstehen, entstand die Idee, dieses Buch gemeinsam mit meiner guten Freundin Barbara zu schreiben.

Sag mir, wo die Frauen sind …

Erfolgreich Daten für Männer

Bibliografische Information der Deutschen Nationalbibliothek:Die Deutsche Nationalbibliothek verzeichnet diese Publikation in der Deutschen Nationalbibliografie; detaillierte bibliografische Daten sind im Internet über dnb.dnb.de abrufbar.
Die automatisierte Analyse des Werkes, um daraus Informationen insbesondere über Muster, Trends und Korrelationen gemäß §44b UrhG („Text und Data Mining") zu gewinnen, ist untersagt.

Gestaltung: Hubert Huber

Verlag: BoD · Books on Demand GmbH, In de Tarpen 42, 22848 Norderstedt
Druck: Libri Plureos GmbH, Friedensallee 273, 22763 Hamburg

ISBN: 978-3-7597-9392-8

INHALT

Vorab ein Hinweis

Sollten Sie eine Frau sein, haben Sie die falsche Seite des Buches in der Hand. Bei einer Druckausgabe drehen Sie bitte das Buch um und lesen Sie „Dating für Frauen". Sollten Sie das Buch digital erworben haben finden Sie hier den kostenlosen Link zu „Dating für Frauen".

Wir raten davon ab dieses Buch zu lesen. Die Welt der Männer ist kompliziert genug. Diese Version des Buches ist für Frauen wahrscheinlich weder eine Hilfe noch eine Bereicherung. Es könnte höchstens für weitere Verstörungen und Verwirrungen hinsichtlich der Männer und deren Handeln führen. Vielen Dank für Ihr Verständnis.

Sollten Sie sich weder als Mann noch als Frau fühlen, oder sonst wie unsicher sein wohin Ihre Reise geht – und dies ist jetzt weder ironisch noch diskriminierend gemeint – dann entscheiden Sie bitte selbst, welcher Text für Sie der passende ist.

Für alle Männer und diejenigen die sich hier zuhause fühlen wünschen wir viel Spaß beim Lesen.

Andi & Babsi

Und noch etwas: Wir haben uns im vollständigen Text für das Du-Wort entschieden.

Ein paar Worte zum Aufwärmen

Dies ist der Versuch eines Ratgebers für Dating. Dennoch sind wir weit davon entfernt zu wissen wie das Dating – das erfolgreiche Kennenlernen von Frauen – funktioniert. So sehr Männer und Frauen bereits unterschiedlich ticken – darüber gibt es bereits genug Literatur – ist natürlich jeder Mensch für sich individuell gestrickt und mit einer einzigartigen Persönlichkeit versehen. Es gibt keine Patentrezepte und sichere Methoden, weder beim Daten noch bei anderen menschlichen Interaktionen. Es gibt bestimmte Grundprinzipien und eine grundsätzliche übereinstimmende gesellschaftliche Moral, die auf Höflichkeit, Respekt, Toleranz und Rücksicht aufbaut. Erfolgsgarantien können wir keine abgeben. Dieses Buch versucht Beobachtungen zum Daten zusammenzufassen, aus Erfahrungen Schlüsse zu ziehen und Wege zu erforschen, die „Richtige" zu finden. Nimm mit, was dich innerlich anspricht. Lass liegen, was sich für dich „falsch" anfühlt.

Was dieses Buch nicht kann (und wahrscheinlich niemand) ist die ewige Frage zu beantworten. Was wollen die Frauen? Eine Hilfestellung könne hier das Buch meiner guten Freundin und Mitautorin Barbara helfen. „Dating für Frauen". Dies ist zwar von einer Frau und für Frauen geschrieben, könnte uns Männer jedoch auch Einblicke in das Wesen der Frauen vermitteln.

Ein anderer, der hier viel geforscht hat, ist der leider viel zu früh verstorbene Arzt und Kabarettist Bernhard Ludwig. Sein Programm „Anleitung zur sexuellen Unzufriedenheit" kann nur allen Suchenden ans Herz gelegt werden. Sollte das Dating erfolgreich sein, empfiehlt es sich das Programm gemeinsam als Paar anzusehen (ist auf DVD verfügbar, öffnet die Augen für Männer und Frauen und unter Umständen auch die Herzen).

Ein kleiner Auszug daraus ist die Erklärung, warum geschiedene Oberärztinnen (40+) sich schwer tun einen Partner zu finden. Frauen wollen sich nicht „verschlechtern". Er darf nicht blöder sein, laut Bernhard Ludwig. Somit muss der zukünftige mindestens auch ein Arzt sein – mindestens! Das Geschwätz, dass an einem Mann Humor und Charakter das Wichtigste sei, verschwindet rasch hinter Status und Ausbildung. Die geschiedenen Oberärzte sind hier wesentlich flexibler. Viele wenden sich einer (oftmals jüngeren) Krankenschwester zu. Somit bleiben in der Realität wenig Single-Ärzte für die Ärztinnen übrig.

Man könnte jetzt schimpfen, dass dies unfair und sogar sexistisch ist. Mag sein. Es ist jedoch auch realistisch und pure Mathematik. Was bedeutet, dass für uns Männer?

Kluge Frauen wollen einen klugen Mann. Und gutaussehend soll er sein, erfolgreich, sensibel und mit handwerklichen Fähigkeiten. Und noch viel mehr. Ich weiß es auch nicht. Wie gesagt, vielleicht hilft es den Teil von Barbara zu lesen.

Ein bisschen mehr wissen wir jedoch davon, wie es klappen könnte, Frauen kennenzulernen. Diese Erkenntnisse finden sich in dem Buch. Ein letzter Tipp. Trotz der vermeintlichen Ernsthaftigkeit, die das Thema mit sich bringt, nimm das Thema mit Humor und gehe es entspannt an. Denn das soll ja am Ende auch bei einer Beziehung rauskommen. Freude erleben, gemeinsam mit dem „Date".

Und, nimm nichts persönlich, was es hier zu lesen gibt. wir kennen uns nicht und somit bist du auch nicht gemeint.

Andi Bauer

Ps.: Wir verzichten in diesem Buch auf die weibliche Anrede, da Frauen als Leser diesen Teil (voraussichtlich) nicht lesen werden. Siehe Hinweis zu Beginn.

Als Einleitung gibt es für uns Männer einen Text

meiner Co-Autorin Babsi, die kurz beschreibt, wie denn die Frauen so ticken. Denn sie weiß das.

Wie Frauen ticken

Von Babsi Loschan

Ihr kennt ganz bestimmt den Film mit dem Schauspieler Mel Gibson „Was Frauen wollen". In diesem Film kann Mel Gibson, Name im Film Nick, durch einen Stromschlag plötzlich hören, was Frauen denken.

Für viele Männer mit Sicherheit eine grauenhafte Vorstellung, allerdings bekommt er dann durch einen Tipp seiner Psychologin den Hinweis, dass er dies als Gabe nutzen sollte, da er jeder Frau jeden Wunsch erfüllen kann.

Das kann einerseits im positiven andererseits auch im negativen Sinn genutzt werden.

Aber das gibt es natürlich nicht wirklich, das ist Hollywood!

Es wäre sehr praktisch und für manche Frauen sicherlich auch sehr wünschenswert, da manche

Frauen glauben, dass der Mann wissen müsse, was sie denkt. Das funktioniert jedoch nicht und das wissen die Frauen auch. Ihnen ist klar, dass ihr das nicht könnt, daher haben sie auch manchmal den Eindruck, dass man euch zig-mal das Gleiche sagen muss. Leider lässt sich das auch oft genug beweisen.

Frauen wollen in einer Beziehung nicht viel, sie wollen nur Vertrauen, Respekt, Verständnis und gemeinsame Erlebnisse. Das kann doch theoretisch nicht so schwer sein, oder?

Auch Frauen sind gesellschaftsfähig und treffen sich gerne mit FreundInnen. Die Zeiten der „Frau am Herd" sind vorbei. Bitte lasst uns doch hin und wieder auch die Abende allein. Es passiert nichts, wenn man (frau) auch mal allein unterwegs ist, man muss in einer Partnerschaft nicht rund um die Uhr zusammen picken.

Ja, sie trifft sich auch mit Freunde und Freundinnen, krankhafte Eifersucht macht Frauen rasend. Nur weil sich die Frau mit einem Mann trifft, heißt das nicht gleich, dass sie mit ihm ins Bett springt. Mehr Vertrauen in einer Partnerschaft ist gut und angebracht.

Frauen sind keine Maschinen und keine Puppen. Soll heißen, dass leider nach wie vor die meiste Arbeit des gemeinsamen Haushalts, der Kinder, etc. an der Frau hängenbleibt, auch wenn beide berufstätig sind. Ich weiß, das hört ihr nicht gerne, es ist aber so. Wenn

dann eure Angetraute nach mindestens 16 Stunden am Tag „rumhirschen" in Ruhe nur mal 15 Minuten für sich allein sein will, dann seid bitte nicht beleidigt, wenn sie nicht gleich auf euch `raufspringt´.

Sitzen lassen, durchschnaufen, nicht anreden, sie kommt dann schon zu euch.

Das Schlimmste, was dann für eine Frau passieren kann, ist eine Predigt von dir mit Worten wie: „Du willst mich nicht mehr. Früher hatten wir mindestens fünf Mal in der Woche Sex". Das ist furchtbar anstrengend. Merkt euch das!

Sex muss für Frauen entspannend sein. Das heißt wenn sie, wie soeben erwähnt, zum „Verschnaufen" kommen, dann funktioniert es nicht zwischen Tür und Angel und auf Knopfdruck. Auch bei zwanghaft hervorgerufenem Vorspiel werden die Bartholin-Drüsen bei Frauen nicht angeregt.

Um einen lieben und guten Freund von mir zu zitieren: „Na, dann leckt man halt lang genug, dann geht das schon!" – ich mag ihn sehr, aber in dem Punkt muss er wohl dieses Buch lesen! 😊

Gut Ding braucht Weile.

Was will ich (wirklich)

Männer wollen Sex. Klare Sache, weiß jeder. Und Männer sind daran unschuldig. Es sind die Gene, die den Trieb steuern. Seit zehntausenden Jahren. Das steckt in uns drin und bleibt auch drin. Dieser Umstand ist hinlänglich bekannt und muss somit nicht erörtert werden. Notwendig ist es jedoch, der damit verbundenen Frage nachzugehen: Wie gehe ich mit diesem Bewusstsein beim Daten um? Denn natürlich wollen Männer nicht nur Sex. Sie wollen alles andere auch: Erfolg, Familie, Spaß, Sport und eben auch Sex.

Solltest du jedoch „nur" einen One-Night-Stand anstreben, dürfen wir uns an dieser Stelle für den Erwerb dieses Buches bedanken und dir gleichzeitig mitteilen, dass du das falsche Buch gekauft hast. (Umtausch nicht möglich, am besten du verschenkst das Ding an einen bedürftigen Single oder einsamen Kameraden)

Dieses Dating-Buch richtet sich an Männer, die zumindest eine Beziehung versuchen wollen, wie diese auch aussehen mag. Das ist auch der Grund, warum wir uns im Laufe des Buches mit den ersten drei Dates und der Phase danach auseinandersetzen. Alle anderen die jetzt noch da sind haben möglicherweise diese kurze Einleitung genützt, um über die zentralste Frage überhaupt nachzudenken:

Was will ich – und was will ich nicht – konkret, wenn es um das Daten, sprich, Kennenlernen von Frauen geht.

- Familie mit Kindern
- Eine zwanglose Beziehung
- Eine verbindliche Partnerschaft
- Eine Lebenspartnerin (ewige Liebe)
- Eine Lebensabschnittspartnerin
- Ein bisschen Spaß (das ist mehr als ein One-Night-Stand)
- Oder einen Freizeitpartner (aus dem mehr werden darf)
- …oder ganz was anderes

Denn, eines können wir garantieren. Wenn du beginnst mit einer Frau zu chatten, kommt diese Frage schneller als du „Ich schau nur", sagen kannst. Und sag NIE: „Ich schau nur".

Die klassische Frage der meisten Frauen (Ausnahmen gibt es immer) ist: „Was suchst du?" Andersrum, frag NIE eine Frau „Was suchst du"? Nie. Warum das so ist, das Frauen dies Fragen dürfen und

wir nicht, wissen wir nicht. Es gibt vieles, was Frauen dürfen und für uns Männer tabu ist.

Die zweite Frage, die du Dir stellen solltest. Welche Frau suche Ich? Aussehen, Hobbys, Interessen. Wie weit hast du klare Vorstellungen. Weißt du, was du willst. Sind deine Vorstellung vielleicht zu anspruchsvoll und engmaschig oder vielleicht zu schwammig. Als Orientierungshilfe für einen Einstieg mit ein bisschen Selbstreflexion haben wir einen Fragebogen ausgearbeitet, der helfen sollte, die Erwartungen und Vorstellungen hinsichtlich der Zukünftigen anzudenken. Sobald Dir ansatzweise klar ist welche Art der Beziehung du anstrebst und wie die Zukünftige ungefähr sein sollte, kann es losgehen mit den Dating-Tipps.

Wie soll sie denn sein und welche Erwartungen hast du an deine zukünftige Partnerin. In der folgenden Liste habe ich die Aspekte zusammengefasst, die am häufigsten vorkommen, du kannst die Liste auch beliebig mit deinen Wunschvorstellungen verlängern. Dazu habe ich noch ein paar leere Zeilen hinzugefügt. Ich schlage hier drei Antworten vor:

1   Ganz wichtig
2   Darf sein / muss nicht
3   Brauch ich nicht

Mache in der jeweiligen Spalte der für dich passenden Antwort einfach ein Kreuz oder Hakerl.

Anliegen	1	2	3
Ich lege Wert auf gute Bildung.			
Die Körpergröße ist mir wichtig.			
Die Statur ist von Bedeutung.			
Ich achte drauf, ob er eine Glatze oder Haare hat, und wenn er Haare hat, sollten sie eine bestimmte Länge und Frisur haben.			
Ich möchte, dass er einen Beruf ausübt und sich selbst erhalten kann.			
Ich möchte, dass ich mit meinem Partner Sport treiben kann.			
Auf Bewegung lege ich viel wert.			
Er soll Haustiere mögen.			
Wenn er Kinder gern hat, dann ist das von Vorteil.			
Ich bin ein Genießer und esse gerne gutes Essen oder trinke das eine oder andere Mal gerne guten Wein/Whisky/etc. ..., wenn er mit mir diese Leidenschaft teilt, dann ist das ein Pluspunkt.			
Er soll sich für Musik (Pop / Rock / etc.) und Kino interessieren.			
Ich möchte mit ihm auf Klassikkonzerte gehen, Kunstfilme sehen, auch ein Museum besuchen, oder ins Theater gehen.			
Ich gehe gerne ins Kabarett und da ist es gut, wenn mein Partner mit mir mitgeht und sich ebenfalls dafür interessiert.			
Gemeinsam ein Schlager- oder Volksmusik-konzert zu besuchen wäre schon gut.			

Anliegen	1	2	3

Zur Auswertung

Solltest du mehr als 10 Punkte im Bereich 1 (Ganz wichtig) ankreuzen, empfiehlt sich über deine Erwartungen zu reflektieren. Möglicherweise ist etwas mehr Offenheit angebracht

Mehr als 10 Punkte im Bereich 2 (Darf sein/ muss nicht), deutet darauf hin, dass du in vielen Bereichen noch keine klare Meinung zu haben scheinst und wirkt ein bisschen opportunistisch. Ganz egal, ich will eine Frau. Hier wäre ein Gespräch mit einem guten

Freund ratsam, um einige schärfere Grenzen zu ziehen. Es geht um dein Glück

Mehr als 10 Punkte im Bereich 3 (Brauch ich nicht) lässt auch den Schluss auf zu hohe und enge Erwartungen zu. Versuche dir die Punkte noch mal anzusehen. Vielleicht lassen sich einige Abstriche oder Kompromisse finden. Ansonsten schränkst du die Auswahl stark ein.

Wer bin ich - Playboy und Disney

Der Fragebogen soll helfen eine persönliche Orientierung zu finden. Hierzu noch einige allgemeine Betrachtungen zu den Erwartungen von Männern. Welches Schönheitsbild, haben wir Männer von den Frauen. Nicht nur im Herzen, sondern auch in den Lenden. Welches Bild ist seit einigen Jahrzehnten dominant und woher kommt es.

Die meisten Männer wurden vom Schönheitsbild im Playboy (oder ähnlicher Literatur) sozialisiert. Ganz egal was der Alltag zu bieten hat, insgeheim träumen und fantasieren wir von Frauen, welche diesem Ideal entsprechen. Dies mag bei vielen Männern unbewusst ablaufen. Die Muster sind dennoch da und beeinflussen uns bei der Partnersuche und Wahl. Dazu wirkt auch noch der Sexualtrieb. Und es ist nicht nur der Playboy. Es ist die Werbung, das Fernsehen, das Kino, das Internet. Von allen Seiten wird uns Männern mit perfekten Bildern

von perfekten Frauen und Sexsymbolen ein „Ideal" vorgegaukelt. Dies ist noch kein wirkliches Problem und soll auch nicht als Ausrede gelten. Problematisch wird es erst dann, wenn wir uns dessen nicht bewusst sind. Die meisten Frauen, denen wir im Alltag begegnen, werden diesem suggerierten Bild wohl nicht gerecht werden.

Diesem „Bild" nachzujagen ist ein garantierter Beziehungskiller. Denn diese Fantasie-Modelle gibt es nicht. Nirgends. Denn irgendwann ist die schönste sexy Frau abgeschminkt und kein Fotoshop kaschiert die Schwachstellen. Und selbst wenn die Dame der Wahl diesem Modell nahekommt, kann es durchaus sein das es nach einer anfänglichen heißen Phase zu einer Abkühlung kommt und man ganz unbewusst nach dem nächsten Playboy Modell Ausschau hält. Fantasien sind schön, gehören jedoch ganz klar eingeordnet – in die Welt der Träume und Fantasien. Lass dir deine Begegnungen und Beziehungen nicht von Fantasien sabotieren oder boykottieren.

Wo finde ich die Frauen – Online

Wie und wo lernt man(n) in diesen Tagen Frauen kennen. Als häufigster Vermittler für eine Partnerschaft gelten immer noch der Freundeskreis und der Arbeitsplatz. Das scheint bei dir noch nicht geklappt zu haben, sonst würdest du nicht dieses Buch lesen. Als nächstes in der Liste taucht bereits das Onlinedating auf.

Und natürlich gibt es immer noch den klassischen direkten Weg Frauen anzusprechen. Auf der Straße, im Geschäft, im Park, in einer Bar. Seriöse Umfragen unter Frauen (die wir kennen) haben ergeben, dass die meisten Frauen den direkten Weg vorziehen, weil sie ihn als romantischer empfinden. Doch dazu später. Zuerst wollen wir uns der derzeitigen Nummer 2 beim Kennenlern-Spiel beschäftigen: dem Internet und den damit verbundenen Dating-Apps.

Bevor wir uns die diverse Dating-Portale genauer

ansehen, lenken wir unseren Blick auf die Typen von Frauen, denen wir auf den Dating-Apps begegnen könnten.

Die „Frauen" im Internet

Die Qualität des Gegenübers, mit dem man gerade chattet, hängt sehr mit der Qualität der Dating-Plattform zusammen. Ausnahmen bestätigen die Regel. So kenne ich Menschen, die auf der Gratisplattform Badoo die Liebe ihres Lebens gefunden haben, während andere auf teuren Elite-Seiten nur „Idioten" (Ich zitiere die Betroffene) getroffen haben.

Kostenpflichtigen Seiten: Parship, Elite-Partner, E-darling und viele mehr, bieten einen seriösen Deal. Du zahlst und dafür gibt es Zugang zu Frauen, die auch auf Partnersuche sind. Diese Seiten sind seriös haben echte Profile und man darf und kann davon ausgehen, dass Frauen ernsthafte Absichten haben einen Mann kennen zu lernen, wenn sie sich anmelden UND für die Mitgliedschaft auch bezahlen.

Gratisseiten: Tinder, Badoo, Lovoo, Bumble und viele mehr bieten die Möglichkeiten gratis mit anderen zu chatten. Dies ist meist eingeschränkt auf einige Nachrichten und kann aufgewertet werden, indem man dafür zahlt. Dafür kann man mehr und länger chatten. Mit Geduld kann man sich jedoch

gratis durchschlagen und durchaus Frauen kennenlernen und erobern. Die Frage ist welche Frauen sich auf den Gratis Dating-Apps tummeln. Denn diese Seiten ziehen natürlich bestimmte Typen an. Diese unterteilen wir in vier Kategorien:

Die Ernsthaften und Seriösen

Selbstverständlich gibt es auch auf Gratisplattformen viele Frauen, die eine ernsthafte und liebevolle Beziehung anstreben. Unserer Vermutung nach ist es sogar die Mehrheit. Dennoch bleibt es uns Männern nicht erspart, sich durch andere Typen durchzuarbeiten.

Die Gelangweilten

Viele Frauen melden sich auf Gratisseiten an, weil ihnen schlicht langweilig ist und Sie sich die Zeit vertreiben wollen. Es ist keine Überraschung, dass Frauen in Berufen mit vielen Nachtschichten oder viele 24 Stunden Pflegekräfte sich auf diesen Seiten finden. Diese sind oft wochenlang getrennt von ihren Familien. Einsamkeit und Langeweile sind natürliche Begleiter. Eine Gratis-Dating-App hilft hier die einsamen Nächte zu verkürzen. Es ist jedoch unwahrscheinlich, dass sich aus diesen Begegnungen eine Partnerschaft entwickeln wird.

Die Unzufriedenen

Andere stecken schon viel zu lange in für sie unbefriedigenden Partnerschaften oder Bezieh-

ungen. Schon jahrelang gab es weder Zärtlichkeiten noch Wertschätzung. Wahrscheinlich auch keinen Sex. Dennoch können oder wollen diese Frauen ihre Beziehung nicht beenden oder eine Veränderung herbeiführen. Aus welchem Grund auch immer. Eine Dating-App liefert zumindest zwischenzeitlich Anerkennung, Lob und Wertschätzung.

„Wow, hast du tolle Bilder" oder „Du bist eine schöne Frau". Diese Nachrichten von flirtenden Männern liest jede Frau gerne. Meist bleibt es jedoch bei einem netten Online-Flirt. Am Morgen danach wartet der Alltag.

Die monetär Bedürftigen

Einige Frauen nützen die Gratis-Dating-Apps ganz frech, um Geld zu generieren. Da gibt es nach einigen Chats plötzlich eine kranke Mutter, die eh nur 150 Euro braucht, um Medikamente zu kaufen. Oder es wird Geld benötigt, um das Zugticket zu bezahlen, um zum Treffen kommen zu können.

Einige Frauen geben in der App als Standort Wien oder München an, wo derjenige eben lebt mit dem man schreibt. Nach einigen Tagen stellt sich heraus, dass die Gute im Kongo lebt oder in einem Dorf in Rumänien. Man(n) sollte dann schleunigst das Geld für ein Ticket überweisen, dann steht der wahren ewigen Liebe nichts mehr weg.

Derzeit sehr beliebt ist auch der Handel mit Crypto-

Währung. Die Dame gegenüber flirtet tagelang seriös, um dann von einem Hobby zu berichten. Sie handle mit Crypto—Währungen und als Vertrauensbeweis reicht eine Investition von 200 Euro und danach steht einem Treffen nichts mehr im Wege. Der geduldige Leser wird es bereits erahnen, die Chance bei diesen Damen in einer langfristigen Partnerschaft zu landen sind überschaubar gering.

Wie komme ich zum ersten Date – mit Onlinedating-Apps

Ganz egal was man über die modernen Zeiten, Feminismus und das 21. Jahrhundert zu wissen glaubt. Frauen WOLLEN angesprochen und umworben werden. Frauen wünschen sich, dass der Mann beim Daten den ersten Schritt macht. Der Prinz auf dem Pferd ist immer noch erwünscht und willkommen. Es gibt zum Beispiel eine Dating-App mit dem Namen Bumble.

Auf dieser App können Männer die Frauen nicht direkt anschreiben. Gibt es ein Matching, muss die Frau den ersten Kontakt herstellen. Eine Mitgründerin von Tinder hat diese APP entwickelt, da Sie bemerkt hat, dass auf Tinder viele Männer oftmals aggressiv und unhöflich die Frauen mit Nachrichten zuschütten. Somit ist die Idee für Bumble durchaus zulässig.

Die Realität bei Bumble ist jedoch bescheidener. Beim Selbstversuch hat sich herausgestellt, dass fast alle Frauen sich trotz gegenseitigen Matchens nicht melden und wenn, dann nur mit einem kurzen „Hi" oder „Hallo". Mehr Text gibt es nicht, den Rest hat der Mann zu leisten. Somit bleibt es dabei, Frauen wollen das Männer den ersten Schritt machen.

Selbstverständlich gibt es auch Ausnahmen und durchaus aktive Frauen, die Männer direkt anschreiben. Diese sind und bleiben dennoch in einer verschwindenden Minderheit. Also, werte Mitstreiter, wartet nicht auf die Ausnahme, sondern seit aktiv. Ob online oder im Supermarkt oder in einer Bar. Macht den ersten Schritt und sprecht (oder schreibt) die Frau an, die ihr kennenlernen wollt.

Und, seid höflich, charmant, witzig und IMMER respektvoll. Schweinereien sind hier fehl am Platz. Außer diese werden von der Dame explizit gewünscht, aber das ist eine andere Geschichte.

Die Kosten

Sowohl die kostenpflichtigen Seiten als auch die Gratis-Portale sind mögliche Wege eine Frau

kennenzulernen. Beide kosten jedoch etwas. Die Frage ist, welchen Preis bist du bereit zu bezahlen. Die erste Variante kostet Geld, dafür sparst du Zeit und Nerven und hast garantiert weniger Frust. Die zweite Variante – die vermeintlichen Gratisseiten – kostet weniger Geld, braucht jedoch einen größeren Zeitaufwand und sind bisweilen sehr frustrierend. Es gibt einen wunderbaren Spruch, der einiges an Weisheit vermittelt:

„Was nix kost - is nix wert"

Wenn Frauen sich auf einer Dating-Plattform anmelden und dafür bezahlen, kann man davon ausgehen, dass diese ernsthaften Absichten in der Partnersuche haben. Selbstverständlich gibt es auch Damen mit ernsthaften Interessen auf den Gratis-Apps, aber eben nicht nur (wie oben beschrieben). Um diese herauszufiltern, braucht es Zeit und Geduld. Die Suche verursacht möglicherweise auch einiges an Frust und Ärger.

Für alle, die online Frauen kennen lernen wollen, gilt es schlicht zu entscheiden: Zahle ich für eine seriöse Plattform oder wühle ich mich durch Gratisplattformen, die auch zweifelhafte Teilnehmerinnen zu bieten haben. Am Ende dieses Buches findest du einen Überblick über verschiedene Datingseiten und eine Beschreibung und Bewertung des Angebots.

Doch noch an dieser Stelle als Anhang und

Abschluss für das Kapitel. Was kann man tun, um einen „Fake" zu entlarven oder zumindest die Ernsthaftigkeit des Gegenübers zu verifizieren.

Der einfachste Weg ist nach einigen Chats, die sympathisch verlaufen sind, um ein Telefonat zu bitten. Frauen mit seriösen Absichten lassen sich gerne darauf ein. Die meisten wollen auch die Stimme des Gegenübers hören.

Frauen, die in einer Beziehung stecken, werden sich um einen Anruf drücken und maximal telefonieren, wenn sie nicht zu Hause sind. Am Abend, zu Hause bei der Familie, wird es kein Telefonat geben. Wenn schon das dritte Telefonat auf der Straße mit dem Hund an der Leine stattfindet, ist Skepsis durchaus angebracht.

Wenn man das Gefühl hat, dass es ums Geld geht, empfiehlt sich ein Videotelefonat anzufragen. In vielen Fällen sitzt nämlich nicht die heiße 25-jährige am Keyboard, sondern ein übergewichtiger Programmierer irgendwo in Osteuropa. Sich das vorzustellen, macht den Chat wahrscheinlich weniger sexy.

Die häufigste Antwort auf die Frage nach einem Videotelefonat ist übrigens, dass die Kamera am Handy defekt sei und es somit noch dringender sei Geld zu schicken. Mit dem neuen Handy und der tollen Kamera kann die „Dame" dann ungestört

videotelefonieren und der großen Liebe steht nichts mehr im Weg. Der kluge Mann ahnt spätestens jetzt, dass ihm keine sexy Maus gegenübersitzt, wie die Fotos suggerieren, sondern jemand ganz anderer. Und so peinlich das ist, muss ich es dennoch hier schreiben, da es offensichtlich häufiger vorkommt als man sich vorstellen kann. Überweise KEIN Geld vor dem ersten Treffen. Bei den echten Dating-Erlebnissen in einem nachfolgenden Kapitel wird so ein Erlebnis geschildert.

Sollte das Telefonat stattfinden und sich beide dabei gut fühlen, steht ja einem Treffen nix im Wege. Wenn es die Dame dann nicht schafft zumindest eine Stunde für Kaffeetrinken und Kennenlernen zu erübrigen, dann stinkt die Sache gewaltig. Wenn die Frau ernsthaft an einer Beziehung interessiert ist, das Schreiben sympathisch war und auch das Telefonat für beide schön „geschnurrt" hat, na dann gibt es keinen Grund sich nicht zu treffen. Außer die Absichten sind nicht seriös oder die Gute weiß nicht, was sie will. Auch das kommt vor.

Natürlich könntest du auch die „Verrückten" im Internet auslassen und die Sache klassisch angehen. Kennenlernen, ganz altmodisch in der freien Wildbahn. Dazu gibt es die Tipps im nächsten Kapitel zum Daten in der freien Wildbahn. Vorerst bleiben wir noch beim Onlinedaten.

Das Online-Profil

Bevor es zum Anschreiben geht, gilt es das eigene Profil auf Vordermann zu bringen. Dazu ein paar Tipps

- Mindesten 3 Fotos. Wenn du unbedingt ein Foto mit Sonnenbrille reinstellen willst, stelle dazu 3 weitere Bilder, auf denen man die Augen sehen kann. Frauen wollen die Augen sehen – das ist so.
- Vermeide zu viele protzige Fotos. Mehrere Fotos mit verschiedenen teuren Autos, sind peinlich. Millionäre finden sich selten auf Gratis-Apps
- Zu viele Fotos mit nackten Oberkörper - auch eher peinlich. Am besten immer mit Kleidung. Außer auf einer Yacht – die dann auch dir gehört.
- Die Bilder sollten die Realität wiedergeben. Wenn du ein Extremsportler bist, ist es okay, einige Sportfotos reinzustellen. Jedoch musst du damit rechnen, dass nicht so sportliche Frauen von solchen Bildern eher abgeschreckt oder eingeschüchtert werden. Auch hier gilt, die Mischung macht es aus.
- Abgesehen von den Bildern braucht jedes Dating-Profil auch Text. Männer sind schreibfaul, dennoch ein bisschen Text ist notwendig. Beruf, Hobbys, Interessen. Keine Romane, jedoch ein kurzer Überblick ist immer gewünscht. Frauen lesen das gerne.
- Und! Achte beim Profiltext auf die Rechtschreibung. Für viele Frauen sind Rechtschreibfehler ein No-Go. Natürlich gehen deshalb den Frauen viele coole Typen durch die Lappen. Es ändert nichts, die Rechtschreibung ist für viele Frauen wichtig, weil Frauen einen klugen Mann als Partner haben wollen und keinen schlampigen Dummkopf.

Wenn das Profil steht, geht es dann an das Suchen und Finden.

Du hast ein Matching auf deiner Dating-App. Gratulation.

- Erster Schritt – Lies das Profil der Dame. Und dann lies es nochmal. Eines der häufigsten Kritikpunkte ist, dass die Männer die Profile nicht lesen. Was wahrscheinlich auch stimmt. Männilt es natürlich zu reagieren, zu schreiben und Interesse zu zeigen: Familie, Beruf, Freizeit.
- Bleib höflich, flirte, bleib jedoch respektvoll und vermeide verbale Schweinereien.
- Wenn du keine Zeit zum Schreiben hast, übermittle mit einer Alternative. „Ich bin gerade in der Arbeit, hätte jedoch ab 18 Uhr Zeit zum Chatten uer schauen auf die Bilder und suchen darauf die Brüste.
- Versuche in deiner ersten Nachricht konkret auf Themen aus dem Profil einzugehen. „Hallo.... ..Name... ...Mir gefallen deine Bilder und ich finde es toll, dass du gerne reist, da dies auch zu meinen Hobby gehört." Die erste Nachricht sollte nicht zu lange sein, aber zumindest einige konkrete Themen enthalten, die sich aus dem Profil ableiten lassen. Als abschließender Satz empfiehlt sich generell, dass du dich auf eine Antwort freust und vielleicht auf ein Kennenlernen hoffst.
- Sollte eine Antwort kommen, gnd würde mich

freuen, wenn wir dann weiter-schreiben könnten". Jede Meldung ist besser als gar nichts zu schreiben.

- Leider ist es durchaus üblich den Chat ohne ein Wort zu beenden. Auch seitens der Frauen. Mach das nicht und ärgere dich nicht, wenn sie es tun. Sollte sie sich wieder melden ist alles gut. Wenn nicht, war ohnehin kein ehrliches Interesse da.
- Vorsicht mit dem Humor. Beim Onlinedating ist jedes Wort entscheidend. Wenn man einen Menschen persönlich trifft, kommuniziert der ganze Körper. Die Gesten, der Tonfall, all dies übermittelt Emotionen. Ein Witz, der persönlich erzählt wird, kann schriftlich scheitern. Besonders trifft dies bei schwarzem und sarkastischem Humor zu. Abgesehen davon, sind nicht alle Frauen für Sarkasmus empfänglich. Und wenn doch, ist Sarkasmus schriftlich oft nicht immer erkennbar. Vermeide am Anfang komplizierten Humor, der missverständlich sein könnte.
- Wenn das Schreiben läuft, empfiehlt sich die Frage nach einem Telefonat oder einem ersten Treffen. „Ich würde dich gerne persönlich kennenlernen, darf ich dich auf einen Kaffee/Tee einladen". Diese Frage ist legitim und darf ruhig nach ein oder zwei Tagen chatten kommen. Da sich die Dame auf der Plattform angemeldet hat, um jemanden kennen zu lernen, ist das Telefonat ein

natürlicher weiterer Schritt zum Treffen.
- Wochenlanges Chatten kann ermüden oder, noch schlimmer, viel zu hohe Erwartungen aufbauen. Wenn online schon die Funken sprühen, ist es ratsam zu telefonieren oder gleich ein Treffen zu vereinbaren, um die Erwartungen nicht noch weiter hochzuschrauben. Vermeide zu langes Schreiben.
- Termin vereinbart – los geht's zum ersten Date.

Doch davor, noch ganz wichtig.

Sei nicht frustriert, wenn Frauen nicht oder erst viel später zurückschreiben. Frauen bekommen – besonders auf den Gratis-Apps – sehr, sehr viele Zuschriften. Die meisten sind nur kurz von „Hi" bis „Hallo" ... oder frech von „Schick mit Nacktfotos" bis „Ich will Sex".

Dennoch müssen sich die Damen durch die Nachrichten arbeiten. Da rutscht zwangsweise der eine oder andere Bewerber durch. Hier gilt es gute erste Nachrichten zu verfassen und Geduld zu bewahren. Und noch wichtiger: Auch wenn viele Frauen nicht antworten, den Frust darüber nicht an derjenigen auslassen, die antwortet.

- Sätze wie, „Ihr Frauen seid alle gleich", sind keine Hilfe.

- Die wichtigste Regel beim Onlinedating ist ohnehin:
- „Handle/schreibe so, als würde dir diese Person gegenübersitzen".
- Du schreibst echten Menschen. Diese Frau hat nichts zu tun mit all dem anderen Quatsch und Frust, den du bisher auf dieser App vielleicht erlebt hast. Versuche bei jedem Kontakt wieder bei Null zu starten. Und wenn du merkst, dass dich die Reaktionen auf der App zunehmenden frustrieren, mach ein paar Tage Pause – oder wechsle die App.
- Höflichkeit, Geduld und Nachsicht zahlen sich immer aus.

Anbei einige – auch lustige – Beispiele aus Dating-Chats.

Beispiele aus Chats:

Frech

Er hat den Chat verlassen)

Lustig

(laut Profil 40 Jahre alt)

Hallo, ich würde Dich gerne kennenlernen

(Sie, laut Profil 40+)

Danke für deine Nachricht, deine Bilder wirken sehr jugendlich. Wie alt bist du wirklich?

Ich habe einen kleinen Fetisch, ich stehe auf ältere Damen

Das ist sehr nett, aber ich glaube, da kommen wir zwei nicht zusammen

Das ist sehr schade

Trotzdem alles Gute

Unverschämt

Hallo

Hallo

Hast du noch andere Fotos?

Was meinst Du?

Mit mehr Haut

Nein

(Hat den Chat verlassen)

Seriös

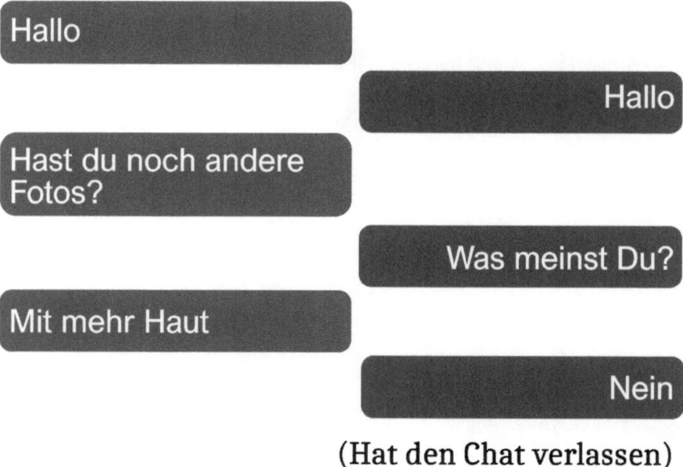

Danke für das Kompli-
ment, ich würde dich
auch gerne kennen-
lernen

Das freut mich sehr,
hast Du jetzt Zeit und
Lust zum chatten

Ich bin jetzt in der
Arbeit, ab 20 Uhr
passt es gut.

Fad

Hallo

Hallo

Wie geht's

Gut

Super

(Sie hat den Chat verlassen)

Wo finde ich Frauen – in der freien Wildbahn

Die klassische Variante Frauen direkt anzusprechen ist bei den Damen mit Abstand die beliebteste. Hat wahrscheinlich Ursachen in einer Romantik, die wir Männer nie so richtig verstehen werden. Außerdem liefern sie damit eine bessere Geschichte.

Der direkte Weg hat in unserer digitalen Welt mehrere Vorteile. Einerseits hast du einen enormen Wettbewerbsvorteil gegenüber allen, die online unterwegs sind; die Konkurrenz ist viel kleiner. Anderseits kann die Liebste dann eine interessante Geschichte über das Kennenlernen erzählen.

Denn spätestens, wenn die Freunde und Familie nachfragen, wo und wie ihr Turteltäubchen euch denn kennengelernt habt, ist eine gute Geschichte Gold wert. „Im Internet", klingt dann nicht sehr sexy. Eben, der direkte Weg ist viel romantischer.

Klassisches Daten in Lokalen

Am Abend ausgehen und Frauen kennenlernen funktioniert immer noch. Man soll es nicht glauben. Eine Auflistung von zu empfehlenden Lokalen findet sich am Ende des Buches. Es gibt jedoch auch andere Orte, an denen sich Frauen aufhalten.

Weitere Orte und Alternativen um Frauen kennen zu lernen

Der Baumarkt

Der Geheimtipp. Ob Haus oder Garten, Frauen basteln oftmals sogar lieber als Männer. Pflanzen müssen besorgt werden oder diverse Werkzeuge. Frauen sind öfter in Baumärkten unterwegs als wir Männer denken. Sei wachsam und aufmerksam und spar dir Basteltipps beim Ansprechen. Der kluge Mann stellt die richtigen Fragen. „Welche Erfahrungen haben Sie mit diesem Dünger gemacht?"

Bei IKEA

So ungerne wir hier Werbung machen. Frauen, die bei IKEA allein unterwegs sind, dürfen angesprochen werden. So steht es in den AGBs.

Die Tiefkühltruhe

Supermärkte sind nicht ganz so sexy wie

Baumärkte, aber durchaus geeignet, um sanfte Kontakte zu knüpfen. Der Einkaufswagen verrät meist schon, ob du es mit einer Singlefrau zu tun hast, oder einer Mutter, die 5 Männer zu versorgen hat. Hier gibt es grenzenlose Möglichkeiten: ein versehentlicher Auffahrunfall mit dem Einkaufswagen, Fragen zu Produkten, etc... Vermeide Jammerei über Preise und Inflation. Weiß eh jeder und als Thema so überflüssig wie der Wetterbericht.

Am Sportplatz

Wir alle haben keine Vorstellungen, wie viele alleinerziehende Mamas mit ihren Kids die Samstage und/oder Sonntage auf Sportplätzen verbringen. So ein Fußballspiel dauert 90 Minuten.

Genug Zeit, um sich beim Small Talk näher zu kommen. Zwischendurch jubeln und über den Schiedsrichter schimpfen nicht vergessen. Und erneut gilt, spart euch die Besserwisserei zum Thema Sport. Die Mamas, die dort sind, kennen die Regeln des Spiels.

Am Spielplatz

Der Spielplatz gilt eher als Herausforderung für den Erstkontakt. Das Kind ist unter Dauerbeobachtung. Es bleibt wenig Raum für lange Gespräche. Der kluge Mann ist vorbereitet mit einer Thermoskanne Kaffee und ZWEI Bechern. Schokolade (sofern nicht im Hochsommer) geht auch immer.

Beim Spazieren

Auch heikel. Frau möchte vielleicht allein sein und die Natur genießen. Anderseits, Singlefrauen, die den Wunsch nach einer Partnerschaft haben (und die wollen wir ja kennenlernen), sind meist offen für neue Bekanntschaften. Und ein Spaziergang in schöner Umgebung bietet genug Stoff, um in ein Gespräch einzusteigen.

Im Kaffeehaus

Obwohl altmodisch, Kaffeehaus geht immer. Frauen, allein im Kaffeehaus, dürfen natürlich auf ein Getränk eingeladen werden (siehe AGBs)

In Vereinen und Clubs

Es empfiehlt sich einem Verein/Club beizutreten, in welchen sich mehrheitlich Frauen wiederfinden, sei es Yoga, diverse handwerkliche Kurse oder – sofern auch interessiert – diverse esoterische Versammlungen. Auch bestimmte Sportarten, erfreuen sich bei Frauen großer Beliebtheit. Wandern, Skifahren, Radfahren usw. Es sollte idealerweise eine Aktivität sein, die dich auch interessiert. Sonst wird das Kennenlernen mühsam.

Messen, Konferenzen & Veranstaltungen

Check den Veranstaltungskalender. Schau nach bei welchen Veranstaltungen oder Events Frauen sein könnten. Und sollte dich das Thema auch

interessieren, geh hin. Nimm idealerweise einen Freund als „Wingman" mit und geh ran. Bei jeder Veranstaltung gibt es am Ende irgendein Buffet, wo man locker quatschen kann und auch sollte.

Eigentlich überall

Männer, seid mutig und sprecht Frauen an. Bleibt höflich und charmant. Gerade in diesen unpersönlichen Zeiten, wo vieles nur über die sozialen Medien läuft, schätzen es viele Frauen persönlich angesprochen zu werden.

Und was sage ich dann?
Beispiele für das Ansprechen der zukünftigen Herzensdame

Bleib ehrlich und charmant und versuche einen Einstiegssatz zu formulieren der zur Situation passt. Im Baumarkt und im Supermarkt bieten sich Kommentare zu den Produkten an. Im Kaffeehaus ist es am einfachsten eine Runde zu zahlen. Ein einfacher, unverfänglicher Satz, der für fast alle Gelegenheit passt, wäre folgender:

„Verzeihen Sie bitte die Unterbrechung, aber Sie sind mir aufgefallen und ich würde es mir nie verzeihen, wenn ich Sie nicht angesprochen hätte. Hätten Sie Zeit und Lust nach dem Einkauf auf eine schnelle Tasse Kaffee. Am Ausgang vom Baumarkt gibt es eine kleine Bäckerei."

Eine andere Möglichkeit wäre, die Telefonnummer

zu überreichen, ohne die Nummer der Dame zu verlangen. Sie hat dann die Freiheit sich zu melden, ohne Druck. Man kann das auch so kommunizieren.

„Ich würde mich sehr über eine Nachricht von Ihnen freuen, bin jedoch nicht böse, wenn Sie sich nicht melden"

Trotz dieser Beispiele wollen wir keine Liste von Anmachsprüche abdrucken. Erstens ist das Internet voll davon; frag google. Und zweitens glauben wir an die Einzigartigkeit jedes Menschen. Es gibt keinen perfekten Spruch und keine hundertprozentige Methode Frauen anzusprechen. Es gibt jedoch etwas, was wir Bauchgefühl nennen. Wenn du eine Frau ansprechen möchtest, vertraue deinem Bauchgefühlt. Es sagt dir instinktiv, welcher Weg und welcher Satz am besten ist.

Denn, wenn's passt, kannst du nichts falsch machen. Und wenn's nicht passt, kannst du nichts richtig machen.

Die Methode des Ansprechens geht immer einher mit der Möglichkeit einer Absage. Das gehört dazu. Das ist wie bei der Jobsuche. Nicht jeder Bewerber wird angestellt. Und so klischeehaft es klingen mag:

Nimm eine Absage NICHT persönlich!

Die Menschen sind unterschiedlich. Nicht alle passen zusammen. Eine ehrliche Abfuhr tut zwar weh

– vor allem dem Ego, erspart Dir dennoch vergebliche Mühe und viele leere Kilometer.

Obwohl der hier beschriebene romantische Weg bei vielen Frauen geschätzt wird, haben wir in diesem Buch nicht auf Tipps zum Online-Dating verzichtet (siehe Kapitel 4). Wir Männer haben es schon schwer genug, Frauen kennen zu lernen. Romantik hin oder her, es müssen alle Möglichkeiten genützt werden. Auch wenn Disney-Romantik manchmal sanft auf der Strecke bleibt: das Ergebnis zählt — eine glückliche und erfüllende Begegnung, vielleicht sogar Beziehung, für alle Beteiligten. Und was man dann macht, wenn nach der ersten Begegnung, sei es online oder in der freien Wildbahn, ein erstes Date rausspringt, behandelt das nächste Kapitel.

Wow, das 1. Date - Über was redet man(n) dann?

So nett die Schreiberei sein mag oder das Telefonat, letztlich braucht es eine persönliche Begegnung. Hier darf der berühmte Funke überspringen. Das Ziel für das erste Date ist es, herauszufinden, ob es ein zweites Date geben wird. Ob der Funke bei Beiden zündet. Dies klingt sehr nüchtern, ist jedoch so.

Kaffee (im Kaffeehaus), ein Spaziergang, ein Glas Wein in einer Bar. Etwas einfaches unkompliziertes. Das erste Date sollte zwanglos und unkompliziert sein. Im Normalfall findet es nicht in der Wohnung statt, sondern an einem neutralen Ort. Es kann durchaus passieren, dass wenn es gut läuft, das Date seine Fortsetzung in der eigenen Wohnung findet. Beim ersten Date möglich, aber selten. Und man sollte es nicht darauf anlegen.

Dennoch, das erste Date sollte an einem neutralen Ort stattfinden ohne allzu großen Aufwand. Mit der

Pferdekutsche zum Romantikdinner klingt wunderschön, und mag in Filmen und Märchen gut funktionieren, ist jedoch für's erste Date übertrieben und zu viel des Guten. Die erste Begegnung wird dadurch unnötig kompliziert und überfordert in den meisten Fällen wahrscheinlich die Dame. Sollte nämlich der Funken dann so gar nicht überspringen, kann so ein romantisches Abendessen sehr lange dauern und ungemütlich werden. Ein Kaffee im Kaffeehaus ist hier unkomplizierter und kann, wenn notwendig, schnell erledigt werden.

Sollten im Kaffeehaus die Funken sowas von fliegen, kann man ja danach immer noch einen Spaziergang und vielleicht sogar ein Abendessen mit Kino dranhängen (sofern beide auch die Zeit dafür haben). Sollte es gut laufen, bleib offen und flexibel.

Beim Date gilt: Sei höflich, erzähl von dir, hör zu, stell Fragen, zeig Interesse und sei nicht zu aufdringlich. Es gibt immer wieder Spezialisten, die bereits beim ersten Date über das Heiraten und die gemeinsame Zukunft faseln. Tu das nicht, selbst wenn es funkt. Und: Rede NIE schlecht über deine EX! Erzähle ehrlich und möglichst neutral den Grund für die Trennung, aber verteile keine Schuld.

Nochmals: Rede NIE schlecht über deine EX. NIE. Frauen fragen rasch, was der Grund für die Trennung war. Logisch, sie wollen wissen, mit wem sie es zu tun haben. Alkohol, Gewalt, Seitensprung, du weißt nicht, was die Dame gegenüber an Dramen schon erlebt hat.

Du kannst jedoch mit Sicherheit davon ausgehen, dass sie diese Dramen für die Zukunft vermeiden will. Darum fragen Frauen nach dem Trennungsgrund. Auf die Frage kann man sich vorbereiten und beantwortet diese am besten mit Ehrlichkeit und ohne Schuld zu verteilen.

Dränge nicht und mach keinen Druck. Sag ihr jedoch am Ende, wie es für dich war und frag, ob du dich wieder melden darfst. (Wenn du das auch möchtest). Bei einem ja, melde dich. Und zwar spätestens am nächsten Tag. Mit einer Anfrage für ein zweites Date. Idealerweise hast du bereits eine Idee für das zweite Date, da du mittlerweile die Interessen der Dame kennen solltest.

Solltest du kein Wiedersehen wollen, melde dich auch am nächsten Tag mit ein paar Zeilen. Wenn möglich mit Respekt und Wertschätzung. Danke ihr für den netten Abend, aber bei dir hätte es eben nicht gefunkt und du wünscht ihr alles Gute.

Was man bei einem Date alles nicht machen sollte, findet sich im Kapitel über die NO-GO's des Datings.

Fünf wahre Geschichten vom Daten und ein Happy End

Die Geschichten sind wahr, einzig die Namen und Orte wurden geändert.

Das erste Date und die Astrologie

Ich habe wochenlang mit der Dame geschrieben. Höflich, spritzig und anregend. Über das Handy hat es gefunkt, dass ich es regelmäßig mit der Angst zu tun kriegte, dass dies Feuer fängt. Dann kam es zum ersten Treffen. Ein Kaffee und ein ausgedehnter Spaziergang. Die Frau war klug, witzig, charmant und ausgesprochen hübsch. Ich versuchte mitzuhalten. Drei Stunden haben wir geredet, nahezu jedes Thema ausgeleuchtet und Einigkeit in den schwierigsten Feldern festgestellt.

Die Chemie strömte sturzbachförmig, das Herz schlug bereits schneller, Schmetterlinge schlüpften und durchströmten den Körper. Da kann nix mehr schiefgehen, dachte ich mir. Und dann, beim Abschied, kurz davor den Termin für das 2. Date festzulegen, kam ihre Frage. DIE Frage: „Was bist du eigentlich für ein Sternzeichen". In dieser Situation, eine Frage wie eine Lottoziehung. „Fisch", antwortete ich nervös und hoffend...

„Oje, das geht gar nicht mit meinem Sternzeichen". An dieser Stelle muss ich gestehen, dass ich heute nicht mehr weiß, welches Sternzeichen die Gute hatte und ich generell nicht weiß, welches Sternzeichen mit welchen „geht" – oder auch nicht geht. Ich war wie von den Socken, nach einem großartigen dreistündigen Gespräch, bei dem alles „gegangen" ist, geht plötzlich nichts mehr, weil ich am falschen Tag geboren wurde.

Die Dame beruhigt mich mit dem Versprechen, dass sie umgehend ihren astrologischen Berater konsultieren würde, um herauszufinden, ob es noch Hoffnung für uns zwei gebe. Sie meinte auch, dass dieser Berater ihr seit Jahren zur Seite stünde und ihr bei den wichtigen Entscheidungen helfe. Zum Beispiel wann und wohin sie auf Urlaub fahren darf und andere wesentliche Entscheidungen. Ich war sprachlos. Mir war neu, dass Astrologen mir erklären, wann ich wohin auf Urlaub fahren darf.

Der Leser dieser Geschichte wird jetzt nicht überrascht sein zu hören, dass es einen Tag später eine Absage via SMS gegeben hat. Der Astrologe hat unserer Beziehung keine Chance gegeben. Wir würden nicht zusammenpassen, meinte der Mann (unbekannterweise).

Ich antwortete mit einem weinenden und einen lachenden Auge. Einerseits war ich traurig über die verpasste Chance, anderseits schrieb ich zurück, dass ich mir nicht sicher bin, eine Beziehung zu einer Frau haben zu wollen, welche ihre Urlaube von einem Astrologen planen lässt. Das Erstaunliche an der ganzen Sache ist, dass die Dame während unserer Plauderei unentwegt von „Selbstbestimmtheit" gesprochen hat und wie wichtig diese sei. Vielleicht ist die Selbstbestimmung auch eine Laune, die kommt und geht. Seit diesem denkwürdigen Tag beschäftigen mich zwei Fragen und eine Erkenntnis

1. War das astrologische Element nur ein

Vorwand, um mich elegant loszuwerden.
Denn, wenn dieser Aspekt so wichtig ist, wird
die Frage ja gleich am Anfang gestellt.

2. Oder ist der astrologische Berater vielleicht
   seit Jahren in die Dame verliebt und
   verhindert somit das Auftauchen von
   Nebenbuhlern. Wobei die Gefahr besteht,
   dass ihm irgendwann die Sternzeichen
   ausgehen – es gibt nur 12.

3. Und natürlich die Erkenntnis – frag am
   Anfang nach dem Sternzeichen – du ersparst
   dir ein Drei-Stunden-Date und geplatzte
   Hoffnungen.

Bist du geimpft?

Etwas, was man sich vor drei Jahren nicht vorstellen konnte, ist mittlerweile in der heutigen (Dating-)Welt angekommen – die Frage nach einer Impfung. Corona hat sich auch ins Daten eingemischt. Und solltest du, lieber Leser, jetzt lachen – die Sache ist für viele ernster als man glaubt. Besonders Impfgegner scheinen hier eine kürzere Toleranzschnur zu haben. Während es für den Großteil der Geimpften ziemlich „powidl" (ein österreichisches Wort für „egal") ist, ob das Gegenüber geimpft ist oder nicht, verhält es sich bei den Ungeimpften umgekehrt.

Das ist jetzt kein Impfgegner-Bashing, sondern eine

schlichte Feststellung. Ein guter Bekannter hatte das Vergnügen mit einer hübschen Dame zu chatten. Alles war fein und die Funken sprühten nur so.

Dann fragte die Dame nach dem Impfstatus.

Mehr hats nicht gebraucht. „Das geht ja gar nicht", meinte die Gute. „Erstens vertrag ich es gesundheitlich nicht, geimpfte Menschen zu treffen und außerdem könnte ich mit jemanden, der mit so einer Einstellung lebt und die Pharmalobby unterstützt, nicht zusammen sein." Das waren noch die netteren Sachen, die er sich anhören durfte. Leicht irritiert über diese Attacke hat der gute Mann letztlich das digitale Weite gesucht und höflich den Chat verlassen.

Geimpft oder nicht geimpft ist mittlerweile ein Thema beim Daten. Die oft herbei geschriebene Spaltung der Gesellschaft findet sich wohl auch bei der Partnersuche. Also, werte Männer, seid darauf vorbereitet, mit diesem Thema konfrontiert zu werden, insbesonders von Frauen, die sich in esoterischen Sphären bewegen. Dazu gibt es eine weitere Dating-Geschichte, die ich mit den geneigten Lesern teilen möchte.

Esoterik oder Schamanismus – die Grenzen sind fließend

Eine großartige Frau im Chat entdeckt, groß, blond, klug, hübsch, geistreich. Wo ist der Haken. Dieser war

nicht erkennbar. Das erste Date war „fantastico". Lange geistreiche Gespräche, in denen viel gelacht wurde. Das zweite Date beinhaltete einen langen Spaziergang begleitet von offenen und auch sehr persönlichen Gesprächen. Was tun also beim dritten Date. Restaurant? Kino? Vielleicht Beides. Während ich darüber noch nachdachte, kam von der Guten bereits ein Vorschlag. „Besuch mich und wir schauen bei mir einen Film". Jackpot, dachte der Mann.

Nach einem leichten Abendessen, welches die Gute vorbereitete, wurde Film geschaut. Und...?

Nix und, es war nix. Die Frau blockte alle Versuche einer physischen Annäherung ab. Am Ende bleibt uns Männer nur, den guten Josie Prokopetz und seinen Hit aus den seligen 80er Jahren zu zitieren:

„Na guat, dann net, ma draht sie um und geht"

Durchaus irritiert von diesem seltsamen Filmabend machte ich mich auf den Weg nach Hause. Welche Interessen diese Frau auch haben sollte, ich war es offensichtlich nicht. Einige Tage später kam der Anruf, wann wir uns denn wieder treffen würden. Irritiert und neugierig traf ich die Dame in einem Kaffeehaus.

Sie erzählte dies und jenes und fragte mich dann, ob ich ihr bei etwas helfen könnte. „Vielleicht, um was geht es denn", lautete meine vorsichtige Antwort. Nun, meinte sie, sie würde bemerken, dass sie noch an

ihrem alten Arbeitgeber hängen würde (emotional, geistig?) und sie möchte dies endlich abschließen, um sich auf die Zukunft und neue Arbeitsstellen konzentrieren zu können.

Um dies abschließen zu können, möchte sie ein schamanistisches Ritual durchführen. Im Zuge dessen werden Formeln gemurmelt und Sachen von früher verbrannt. Das Ganze an einem besonderen Ort, wo sich bestimmte Energielinien treffen. Sie würde sich dazu allein nicht im Stande fühlen und bittet mich um Beistand. Ich war sprachlos. Vorerst. Ich habe das Angebot dann abgelehnt. Ich fühlte mich dazu schlicht nicht imstande und hatte offen gestanden auch andere Absichten. Warum sich diese Frau auf einer Dating-Plattform angemeldet hat, war mir unbegreiflich und führte letztlich zu folgender Erkenntnis:

Das Anmelden an einer Dating-Plattform bedeutet für Frauen nicht unbedingt den Wunsch nach einer Partnerschaft. Manchmal geht es nur um Gesellschaft und um Austausch. Die Gründe dafür sind vielfältig. Einsamkeit, Mangel an Aufmerksamkeit, Neugierde, die Suche nach Bestätigung (man begehrt mich noch) oder Langeweile. Weiters ist es möglich, dass durch eine Begegnung ein Austausch entsteht, welcher ungelöste Themen zum Vorschein bringt und einer neuen Beziehung im Wege steht.

Wer weiß, vielleicht hätte das schamanistische Ritual die Befreiung von allen Geißeln der

Vergangenheit bewirkt und einen wundervollen Neuanfang für diese Dame bedeutet. Ob ich an dann Teil dieses Neubeginns gewesen wäre, ist dennoch nicht gewährleistet. Möglicherweise nur eine Station am Weg zu ihrem Traummann. Wissen werde ich es wohl nie, aber ich bedauere nicht meine Entscheidung, das Abenteuer Ritual ausgelassen zu haben.

Paypal statt Cash – Geld statt Liebe

Vor einigen Jahren erhielt ich eine Nachricht auf einer Gratis-Dating-App. Hallo, ich bin Tourist aus England und für einige Tage in Wien und würde Dich gerne treffen. (Die ganze Konversation war in Englisch).

Die Dame hat mir auch Bilder geschickt. 20 Jahre jünger, heiß und sexy. Bei mir klingelten sofort alle Alarmglocken und natürlich meldete sich sogleich das Organ im Mittelteil. Dennoch war ich neugierig und fragte nach, was sie sich vorstellen würde. Ich sollte zu ihr ins Hotel kommen. Sie schickte sogar die Adresse.

Ich war immer noch skeptisch. Dann bat sie mich, ob ich ihr mit der Hotelmiete helfen könnte. Jetzt war ich neugierig und wollte es wissen.

Wieviel sie brauchen würde, fragte ich sie, und es sei kein Problem, ich würde das Geld in Cash vorbeibringen. Nein, meinte die Gute, ich solle das

Geld via Papal schicken. Damit war die Sache für mich klar. Hier ist ein Abzock-Versuch im Gange. Dennoch wollte ich das Spiel noch ein bisschen mitspielen.

Ich machte den Vorschlag, 150 Euro in Cash zu bringen. Nein, die Dame bestand auf Paypal, weil ich könnte sie dann im Zimmer überraschen. Ich machte einen weiteren Vorschlag, das Geld an der Rezeption für sie zu hinterlegen. Sie hätte somit kein Risiko und müsste mich auch nicht aufs Zimmer lassen. Auch das lehnte sie ab. Nur Paypal. Ich beendete die Charade und meldete die Dame (oder Herr, wer immer hier mit mir gechattet hat) und das Profil als Spam. Aber die Bilder waren wirklich sexy. Wow. Männer, seid vorbereitet, alles ist möglich.

Die Feministin

Ich hatte einmal eine Beziehung zu einer politisch aktiven Frau, die sich selbst als Feministin bezeichnetet und hatte dazu eine interessante Erfahrung. wir kannten uns bereits einige Wochen und ich habe auch regelmäßig bei ihr übernachtet.

Es war wieder mal ein Wochenende, dass ich mit ihr verbrachte. Ich bin am Sonntag vor ihr aufgewacht und in die Küche gegangen, um ein Glas Wasser zu trinken. Dabei ist mir der volle Geschirrspüler mit frisch gewaschenem Geschirr aufgefallen. Ohne groß zu überlegen, habe ich das Geschirr ausgeräumt, da ich mittlerweile auch wusste, wo das Geschirr hingehört. Einige Zeit später ist die (damals) Liebste

aufgestanden und hat sogleich festgestellt, dass der Geschirrspüler ausgeräumt war. Ob ich dies gemacht hätte, war die schroffe Frage.

Meinem „Ja", folgte ein Donnerwetter, wie ich es vorher selten erlebt habe. Was ich mir einbilde, grenzüberschreitend wäre es das und ich soll nie wieder wagen in ihren „Intimbereich" einzudringen. Damit waren die Küche und die Wohnung gemeint. Der persönlich „Intimbereich" war nach wie vor geöffnet.

Dieses kleine Beispiel, über das ich mittlerweile herzlich lachen kann, zeigt wie unterschiedlich die Auffassungen von scheinbar allgemein gültigen Begriffen sein kann. Für viele Frauen bedeutet Feminismus wahrscheinlich, dass die Männer im Haushalt mithelfen. Hier wurde es als Grenzüberschreitung und Störung des Intimbereichs erlebt.

Nur Dramen, oder doch auch die Liebe am Ende

Angesichts der geschilderten Geschichten mag jetzt bei so manchen Leser wohl die Hoffnung schwinden. Gibt es denn nur Dramen beim Daten. Natürlich nicht. Einerseits hatte ich einige sehr schöne Treffen mit guten und auch bereichernden Gesprächen. Diese Dates führten zwar nicht in Beziehungen verbleiben jedoch durchaus als schöne Begegungen in der Erinnerung. Anderseits hatte ich das Glück, meine

Liebste via Onlinedating-App kennenzulernen. Das Besondere an diesem Date war, dass ich bereits einige Dates hinter mir hatte und durchaus ein bisschen dating-müde war, bevor ich in die Schlacht ging. Für die zukünftige Liebste hingegen war ich der erste Kontakt auf ihrer ersten Dating-Plattform überhaupt. Später sollte sie dann zu Protokoll geben:

„Gleich der erste Frosch entpuppte sich als der Prinz"

Auch so kann es gehen, werte Leser. Und ich erinnere mich seitdem regelmäßig mit Freuden daran, welch ein großer Segen das Onlinedaten sein kann. Also, Männer, nicht aufgeben. Die „Richtige" ist vielleicht nur eine App oder einen Baumarkt-Besuch entfernt.

Das Grand Finale – Was passiert beim 2. und 3. Date und was könnte danach kommen?

Das erste Date ist zum Kennenlernen, das zweite zum Näherkommen und beim dritten Date sollte die Sache klar sein. Außer es passieren Dinge wie im Beitrag zum Thema „Schamanismus". Das heißt nicht, dass ab Date Nummer drei die Beziehung ihren Anfang nimmt. Manche Frauen brauchen einfach länger, um sich auf jemanden verbindlich einzulassen.

Dennoch, denselben Mann dreimal zu treffen zeugt von ernsthaftem Interesse jenseits von Spielereien. Ein Tipp, sollte es zu einem zweiten Date kommen: Meldet euch bei ALLEN Dating-Plattformen ab; oder pausiert. Die Dame wird es schätzen. Schreibt allen, mit denen ihr derzeit chattet, dass ihr euch mit jemanden trefft und kein Double-Dating machen wollt. Auch diese Damen werden es schätzen.

Ein mögliches Geheimnis: Exklusivität

Exklusivität ist etwas, was sich viele Frauen wünschen. Mit wenigen Ausnahmen („Freundschaft+", offene Beziehung) wünschen sich die meisten Frauen eine exklusive Beziehung zu einem Mann und sind nicht bereit, diesen zu teilen. Schon gar nicht mit Mitbewerberinnen oder diversen Ex-Partnerinnen. Manchen fällt es sogar schwer, den Mann mit Familie und Freunden zu teilen, was jedoch in der Regel geduldet wird. Der Großteil der Frauen ist in diesem Bereich pragmatisch und vernünftig.

Der klassische Satz: „Du hast nie Zeit für mich!" hängt immer noch über jeder Partnerschaft wie ein Damoklesschwert. Moderne und kluge Frauen im 21. Jahrhundert haben mittlerweile dazugelernt und formulieren die „Du gehörst mir und nur mir!"-Forderung zwar anders, die Botschaft bleibt dieselbe: Exklusivität. Dies ist kein Vorwurf und schon gar keine Beschwerde, sondern schlicht eine Feststellung. Dies ist genetisch hinterlegt.

Bei Konkurrentinnen und Ex-Partnerinnen gibt es nur eine kleine Toleranzschwelle. Trau nie Sätzen wie „Ich freu mich, dass du dich mit deiner Ex gut verstehst". Das ist eine Falle. Die Ex ist der Feind und birgt die permanente Gefahr, dass sie wiederkehrt und es zu einer Versöhnung kommt. In den Augen deiner neuen Flamme. So unwahrscheinlich dies auch für dich sein mag. So gilt es die Gratwanderung zu

schaffen, NICHT über die Ex zu schimpfen und gleichzeitig zu übermitteln, dass es mit ihr ENDGÜLTIG aus ist und SIE (die neue Flamme) die Nummer 1 ist und bleibt. Besprich deine Probleme, Sorgen, Gedanke, Ziele und Wünsche mit deiner Partnerin und nicht mit deiner Ex.

Gib deiner neuen Flamme das Gefühl der Exklusivität. Sie soll die Einzige sein. Es gibt kein Double-Dating, kein schielen zur Ex und keine Alternative. Sie ist die Nummer 1, Nummer 2 und Nummer 3 und danach gibt es nichts mehr. Wenn Sie das erlebt, und wenn sie auch eine exklusive Beziehung haben möchte, dann habt ihr eine Chance etwas aufzubauen.

Und für alle Zweifler, die von offenen Beziehungen oder „Freundschaft+" träumen: Kennt Ihr Paare, die das machen? Wenn ja, fragt mal nach, wer in der Partnerschaft die Idee für eine offene Beziehung hatte? Möglicherweise eine Botschaft der Frauen an die Männer: Streng dich mehr an. Denn auch die „Freundschaft+" führt häufig zu mehr.

Viele Frauen lassen sich auf „Freundschaft+" ein, mit der Hoffnung, dass dies zu mehr führt. Die Männer sind dann nach einigen Monaten überrascht, warum die Treffen häufiger werden und die Zahnbürste der Geliebten schon im Badezimmer liegt. Am Ende des Tages wünschen sich Frauen Exklusivität mit ihrem Partner.

Der geneigte Leser mag sich jetzt fragen:

- War das alles?
- Was kommt danach?
- Wo gibt es erfüllenden Sex und wie krieg ich ihn?
- Und wie kann ich die Beziehung vertiefen und nachhaltig gestalten?

Berechtigte Fragen. Dazu gibt es von uns heute noch keine Antworten. Noch nicht. Das vorliegende Buch behandelt „nur" das Daten & Kennenlernen. Wir arbeiten jedoch bereits am Nachfolger, welcher sich der „Beziehungskultur" annimmt und in dem wir versuchen werden, die erwähnten Fragen zu bearbeiten.

No-Gos beim Chatten

Augen Schau ihr bei dem Date in die Augen (und nicht auf den Busen, auch wenn dieser noch so toll ist) Siehe auch: Busen

Blumen Frauen lieben Blumen. Und selbst wenn der Garten mehr Grünzeug hat als der brasilianische Regenwald, wird Sie sich über ein Strauß Blumen freuen. Garantiert.

Busen Schaue ihr nicht auf den Busen, sondern in die Augen, wenn du mit ihr redest. Siehe auch: Augen

Drittes Date In der derzeitigen Volksmeinung, gespeist durch Hollywood, Literatur und ähnliches, genießt das dritte Date den Ruf, dass es zum Sex kommt. Das kann, muss aber nicht sein. Versteife dich nicht darauf. Dränge nicht auf Sex! Nie!

Ex Schimpfe nicht über dein Ex. Nie!

Familie Klage nicht über deine Familie. Geschwister, Eltern usw. Erzähle ehrlich, dass es auch Schwierig-

keiten gibt (sollte es die geben) aber klage nicht. Niemand will und braucht ein zusätzliches Drama zu den bereits bestehenden Dramen des eigenen Lebens. Frauen wünschen sich Partner, die mit ihrem Leben zurecht, kommen.

Freundinnen Bei Frauen über 40 sind die Freundinnen Ersatzfamilie und wichtigster Ratgeber. Solltest du diese kennenlernen, bleib nett.

Freundschaft + Dies beschreibt ein Arrangement für regelmäßige Treffen mit Sex und eventuell diverse Freizeitaktivitäten. Klingt modern ist jedoch furchtbar kompliziert, da Mann und Frau keine Gefühle investieren sollten. Früher oder später verliebt sich einer oder wird eifersüchtig. Die Fallstricke sind überall. Nur für todesmutige Abenteurer. Beim ersten Date eher nicht ansprechen, oder von Bekannten reden die das „machen" und die Reaktion abwarten. Siehe auch moralisch fragwürdig.

Kindererziehung Erkläre bei den ersten Dates deinem Gegenüber NIE, wie Sie ihre Kinder erziehen soll. Selbst wenn die geschilderten Probleme, leicht lösbar erscheinen.

Moralisch fragwürdige Themen In der Gesellschaft gelten drei Themengruppen als no-gos für die erste Begegnung. Politik, Religion und Sexualität. Anderseits will man auch wissen, wo das Gegenüber steht. Eine harmlose Methode hier im Trüben zu fischen, wäre es einen „Bekannten" vorzuschieben.

Ein Bekannter von mir tut ... dies und jenes usw. Die Reaktion des Gegenübers verrät vieles über die moralische Haltung dazu. Kann man halt auch nicht zu oft machen. Besser ist es, sich in Geduld zu üben. Mit der Zeit kommt die Lebenseinstellung des Anderen ganz natürlich ans Licht.

Nacktfotos Verschicke keine Nacktfotos, bevor ihr Sex habt. Was ihr danach macht, ist eure Sache, aber nicht vorher verschicken.

Penis Rede nicht über ihn, verschick keine Bilder, lass ihn in der Hose, bis es so weit ist, dass sie ihn wirklich will (siehe: Sex). Meistens das dritte Date oder später (Siehe: Drittes Date)

Profil löschen Spätestens ab dem zweiten Date, empfiehlt sich das Datingprofil zu löschen. Viele Frauen empfinden das als romantische Geste. Siehe auch: Romantik.

Pünktlichkeit Sei pünktlich – IMMER. Frauen, hingegen dürfen unpünktlich sein. War immer so, wird immer so. Beklag dich nicht, freu dich, wenn sie kommt.

Romantik Laut einer aktuellen Umfrage sind 99% aller Frauen romantisch (1% hat bei dieser Umfrage gelogen). Frauen sind romantisch, also lass Dir beim Daten was einfallen.

Schreiben mit mehreren Frauen gleichzeitig

Beim Online-Daten ist es nicht ungewöhnlich mit mehreren Frauen gleichzeitig zu schreiben. An sich kein Problem, wobei ein gewisses Fingerspitzengefühl und ein gutes Gedächtnis hilfreich ist. Die Verwechslung von Hobbys und Anzahl der Kinder kann zu peinlichen Situationen führen. wir empfehlen ohnehin, ab dem zweiten Date die Finger von anderen Frauen und der Dating-Plattform zu lassen.

Schwanzbilder Siehe: Penis

Sex Sollte es dir gelingen die Dame mehrmals zu treffen wird es wohl irgendwann Sex geben. Dazu fällt uns nichts ein. Siehe auch: Kapitel 13, Die letzte Seite

Typisch Frau Sprüche wie, „Typisch Frau" sind absolut tabu. Erklär nie einer Frau, wie Frauen sind.

Witze Sei witzig aber erzähle keine Witze. Und wenn es den sein muss, erzähl wenig Witze und nur Gute. Ob ein Witz gut ist, wirst du rasch an der Reaktion deines Gegenübers merken. Darum vermeide es zu viele oder überhaupt Witze zu erzählen.

Zukunftspläne Fall nicht zu früh mit Zukunftsplänen ins Haus. Du verschreckst damit die meisten. Wenn du Familie und Freundinnen kennengelernt hast, dann darfst du planen.

Anhang 1:

Lokaltipps
Wo Singles sein könnten

Wien

Casablanca / 1010 Wien

Perfekt für Menschen 40+. Hier wird von den DJs Schweinerock dargeboten. Von AC/DC bis ZZ-Top steppt der Bär. Am Samstag gibt es meist Live-Musik von mehreren Bands. Das Lokal bietet zwei Stockwerke und einige ruhigere Ecken zum Quatschen, Kuscheln und Schmusen.

Bettelalm / 1010 Wien

Die Bettelalm hat schon längst den Ruf DAS Aufreißlokal für Singles (oder andere Schatzsucher) zu sein. In der Bettelalm findet man auch vorwiegend Gäste 40+. (Die

Jungen gehen in die Clubs). Am Wochenende ist die „Alm" gesteckt voll. Aber es empfehlen sich Besuche unter der Woche. Hier gibt's auch vielversprechende Themenabende.

A-Dance-Club / 1200 Wien / Milleniumtower

Ein vernünftiger Club für Singles jenseits der 40, welche die Nacht durchtanzen wollen und eventuell auch eine vielversprechende Telefonnummer mit nach Hause bringen möchten.

Salzburg

Saitensprung

Der Name verrät bereits humorvoll was möglich ist. Musikalische Darbietungen mit springenden Saiten und natürlich auch andere Vergnügen. In Salzburg einer der ganzen Tipps

Country-Saloon

Hier werden beide Musik-Genres dargeboten. Country und Western. Livebands, Tanzabende und viele aufgeschlossene Menschen, die es krachen lassen wollen.

Russ-Bar

Eine lässige moderne Bar mit tollen DJs und noch besseren Drinks. Über 100 Cocktails werden angeboten. Das sollte wohl genug Treibstoff bieten, um einen Flirt anzuleiern.

Graz

Cafe Bamboo

Ein cooles Kaffeehaus welches definitiv mehr bietet als Kaffee und Kuchen. Von Sushi bis Hausmannskost wird Vielfältiges serviert. Auch tummeln sich regelmäßig Singles und all jene, die es vielleicht noch werden wollen.

Eckhaus15

Eine urige Bar mit Quizabenden und reichlich Bier und Rips&Wings. Wer auf das traditionelle steht, ist hier gut aufgehoben. Die Atmosphäre ist locker und es gibt genug ruhigere Ecken für Gespräche und Flirts.

Baramouro

Vom Frühstück bis zum gemeinsamen Schlummertrunk spielt diese gemütlich/coole Bar alle Stückerl. Singles tummeln sich auch regelmäßig auf und zwischen den Stühlen.

Linz

Boiler-Room

Ein wahrlich heißer Tipp mit coolen Drinks. Mitten im Linzer Domviertel kann hier bei einer riesigen Cocktail-Auswahl bis in die Morgenstunden gefeiert, geplaudert und geflirtet werden. Ideal Für Nachtschwärmer.

Exxtrablatt

Eine tolle Café-Bar im Linzer Bermudadreieck. Leckere Burger und fetzige Drinks. Singles sind hier immer zu finden.

Frau Dietrich – Cocktailbar

Ein klassisches Ambiente mit Swingmusik aus den 20er Jahren des vorigen Jahrhundert. Dazu werden edle Spirituosen und virtuose Cocktails gereicht. Hier trifft sich der anspruchsvolle Single jenseits der 30. Ein Erlebnis für alle Gäste.

Innsbruck

Oldies-Bar

Wie der Name schon sagt, finden sich

hier ältere Semester ab 40 für Musik und Unterhaltung. Die Bar hat auch schon lange den Ruf ein Aufreißerschuppen zu sein. Ob dies auch zutrifft, muss jeder für sich herausfinden. Die Musik reicht von Rock N`Roll bis Schlager.

Little Rock

Ein klassisches Rock-Pub wo sich Studenten und Junggebliebene treffen und bei guter Musik unterhalten und kennenlernen. Besonders im Sommer ist die Bude brechend voll und die Party wird mitunter bis auf die Straße ausgeweitet.

08

Anhang 2: Dating Plattformen – eine Auswahl (alphabetisch)

Dieses Kapitel befasst sich mit einigen bekannten und beliebten Dating-Seiten und Apps. So wie in allen Branchen, gibt es auch im Dating-Sektor seriöse Anbieter und freche Abzocker. Es gibt viele unseriöse Apps, die mit falschen Profilen locken. Meist bekommt man von großartigen, sexy Frauen verlockende Zuschriften.

Eine Antwort kostet dann Geld. Generell sollte man immer hinterfragen, wie realistisch es ist, dass einem Mann Mitte 40 unaufgefordert eine 25-jährige, sexy Blondine ein Nacktfoto schickt mit dem Wunsch auf ein Kennenlernen.

Männern, die auf solche Zuschriften antworten und dafür auch noch bezahlen, können wir mit diesem Buch auch nicht helfen. Bitte lege das Buch weg und suche dir Hilfe.

Nun zu den Dating-Apps und -Seiten. Der erste Teil widmet sind den günstigen und schnellen Seiten, welche das Smart-Phone Zeitalter hervorgebracht hat.

Die Günstigen & Schnellen

Dating-Apps, die in der Zeit der Smartphones entstanden sind und rasch und unkompliziert benützt werden. Die Profile werden oberflächlich oder gar nicht ausgefüllt. Meist gibt es nur Fotos und es wird schnell entschieden. Ein Wisch entscheidet. Diese sind auch auf den ersten Blick gratis. Wobei in der Regel zusätzliche Services gekauft werden können. Man kennt das System von den Handy-Spielen.

Badoo

Badoo ist wohl einer der erfolgreichsten und meistverbreiteten Dating-App. Auf der ganzen Welt finden sich Teilnehmer. So finden sich auch viele afrikanische, asiatische oder südamerikanische Frauen, die einen Wohnort in Europa angeben, um dort einen Mann kennenzulernen.

Das Suchprogramm erkennt dies nicht. Was dazu führt, dass man häufig ein Match mit einer superhübschen Afrikanerin hat, die dann doch nicht ums   Eck   wohnt.

Nutzerfreundlichkeit

- Anmelden, suchen und matchen ist gratis.
- Anschreiben geht nur nach einem Match – diese sind selten.
- Die Gratismatchversuche sind begrenzt und werden bald aufgebraucht, nach 12 Stunden wird man wieder freigeschaltet.
- Man kann ein Abo abschließen oder für einzelne Dienste bezahlen.
- Dienste zukaufen ist unkompliziert und seriös. Kündigen ist unkompliziert und jederzeit möglich.

Die Frauen

- Alle Altersklassen, jedoch selten Akademikerinnen.
- Immer wieder Fake-Profile.
- Viele Glücksjägerinnen – auf der Jagd nach dem schnellen Geld.
- Auch viele Gelangweilte, die nur Chatten wollen.
- Viele Frauen, die zum Teil weit, weit weg leben, da man den Ort beliebig eingeben kann.

Die Männer

- Alle möglichen Altersklassen
- Hin und wieder Fake-Profile
- Viele Männer, die zum Teil weit weg leben, da man den Ort beliebig eingeben kann.
-

Fazit ♥♥♡♡♡

Badoo braucht Geduld, Durchhaltevermögen und

auch Instinkt für falsche Profile. Die App ist somit auch ein Zeitfresser.

Bumble

Die kleine Schwester von Tinder ist möglicherweise die beste Gratis-Plattform, sofern man Geduld mitbringt. Hat ein ähnliches Konzept und auch Layout wie Tinder, jedoch mit der Einschränkung, dass auch nach einem Matching die Frau den ersten Schritt machen, das heißt die erste Botschaft schicken muss. Erst dann darf/kann Mann schreiben. Hintergrund dafür ist, dass die Bumble-Gründerin vorher bei Tinder gearbeitet und miterlebt hat, dass viele Männer als erste Botschaft Schweinereien schickten.

Nutzerfreundlichkeit

- Sehr nutzerfreundlich
- Die Anzahl der Match-Versuche sind jeden Tag begrenzt und können erst nach 24 Stunden wieder gestartet werden
- Fotos können erst nach dem Erstkontakt der Dame verschickt werden
- Infos über Nachrichten und Matches werden übermittelt und können auch abgestellt werden
- Nach einem Matching hat die Dame 24 Stunden Zeit, eine Nachricht an den Mann zu schicken. Dann ist die Gelegenheit vorbei.
- Eine einmalige Verlängerung eines Matchings pro Tag ist seitens des Mannes möglich.

- Sollten mehrere interessante Matchings in der Zeitschleife sein und keine der Damen schreibt, muss man sich für eine zur Verlängerung entscheiden, oder ein Zusatzservice kaufen.
- Eventuell zugekaufte Services – (mehr matchings) – können unkompliziert wieder gekündigt werden

Die Frauen

- Auf Bumble finden sich durchwegs Frauen mit Niveau und ernsthaften Absichten. Wenige Fake-Profile.

Die Männer

- Auf Bumble sind doch hin und wieder Männer dabei, die auch ernsthafte Absichten haben.
- Manchmal sind sie jedoch zu weit weg, da es passieren kann, dass derjenige genau in dem Moment in deiner Nähe ist, jedoch nicht in deinem Umkreis wohnt . Das Matching fünktioniert standortbezogen.

Fazit 

Bumble ist leicht nutzbar und auch kein Zeitfresser, da man erst die Nachricht erhält, wenn die Frau wirklich an einem interessiert ist. Hier gilt es sich in Geduld zu üben, da es durchaus für einige Tage keine Nachrichten geben kann. Ein kleiner Nachteil ist auch, dass interessante Matchings wieder verschwinden, sollten die Mädels ein paar Tage nicht reinschauen.

Dennoch ist Bumble die Plattform der Zeit und zu empfehlen.

Finya

Das größte Datingportal im deutschsprachigen Raum welches uneingeschränkt gratis ist. Unbeschränktes suchen und schreiben ist möglich.

Nutzerfreundlichkeit

Umständlich und mühsam. Die ständig aufpoppenden Werbungen stören das Schreiben und Lesen, sowie das Suchen und matchen.

Die Frauen

- Hauptsächlich 40plus und auf der Suche nach langfristigen Partnerschaften. In Österreich scheint es noch nicht so viele Benützer zu geben.

Die Männer

- Hauptsächlich 40+ und auf der Suche nach langfristigen Partnerschaften, jedoch leider bei uns nicht so bekannt.

Fazit 

Nicht viele Teilnehmer und von der Handhabung umständlich, aber dafür kostet es nichts.

Lovoo

Ist ähnlich wie Badoo, hat jedoch weniger internationalen Charakter. Die Frauen sind vor Ort und können auch keine fremde Adresse verwenden. Es gibt scheinbar weniger Fake-Profile.

Anmerkung: Lovoo kann vom Autor dieser Zeilen unter Umständen nicht objektiv bewertet werden, da er seine Liebste über diese Plattform kennen gelernt hat.

Nutzerfreundlichkeit

- Vergleichbar mit Badoo

Die Frauen

- Aus der Umgebung und durchaus seriös auf der Suche nach Partnerschaften

Die Männer

- Aus der Umgebung
- Jedoch leider viele dabei, die in einer Beziehung stecken, unglücklich sind und sich schon im Vorhinein nach etwas Neuem umsehen
- Viele Penisfotos

Fazit: 

Tinder

Fast jeder Single hat schon von Tinder gehört und

die App auch ausprobiert. Tinder war damals eine Revolution, weil Beschreibungen, Hobbys oder Persönlichkeit scheinbar nicht wichtig waren. Man hat nur das Bild gesehen und dann entschieden. Links oder rechts. Die Dating-Seite für das Smart-Phone-Zeitalter. Tinder ist für viele zu oberflächlich und hat auch den Ruf eine reine Sex-such-Seite zu sein. Das mag zum Teil auch stimmen.

Nutzerfreundlichkeit

- Fast zu einfach. Die Fotos der Damen erscheinen. Bei „Ja" wischt man nach rechts, bei „Nein" nach links.
- Anschreiben geht nur nach einem Matching
- Auch hier sind die Matching-Versuche begrenzt und werden nach 12 Stunden Pause wieder aufgefrischt.
- Zusätzliche Dienste können zugekauft werden
- Die Standortbestimmung ist exakt, man kann sich durchaus beim Digital-Matching in derselben Disco wiederfinden und gleich mit einer persönlichen Begegnung verbinden

Die Frauen

- Wenig Fakeprofile
- Viel Jugend – Tinder ist beliebt von 18 – 30 Jahre
- Viele abenteuerlustige Frauen
- Viele die nicht unbedingt nach einer nachhaltigen Beziehung suchen

Die Männer

- Diese Plattform ist bei jüngeren Personen sehr beliebt
- Viele die nach Sexabenteuer suchen

Fazit: 

Wenn sich nicht gleich ernst sein soll, bietet Tinder einen guten und unkomplizierten Einstieg in die Dating-Welt. Was nicht heißen soll, das nicht auch Tinder die Liebe deines Lebens bieten kann.

Wiener Singles

Wie es der Name schon sagt. Eine Gratisplattform für Wiener und Wienerinnen. Sie wird gern für die Suche nach Freizeitpartnern genützt. Auch beim Tennis oder Wandern kann man sich verlieben

Die Klassiker

Bevor uns das Smart-Phone zu „Wisch & Weg-Zombies" gemacht hat, gab es Dating mit dem klassischen Internet über Websites. Diese waren umfangreicher und forderten auch Details im Profil. Und sie werden auch heute noch genutzt. Hier sind die Bekanntesten:

Elite-Partner

Seriöse Bezahlseite für Akademikerinnen. Krankt im Vergleich zu Parship an der Auswahl. Vielen ist die Seite zu hochgestochen und auch zu teuer. Seriöser oder höflicher sind die Nutzer dieser Seite auch nicht. Auch bei Akademikern gibt es „Schweindln"

Nutzerfreundlichkeit

Die Seite funktioniert nur über das Bezahl-Abo und bietet praktisch keine Gratis-Funktionen. Dafür wird jedoch auch etwas geboten. Die Seite ist vorbildlich in Bezug auf die Nutzerfreundlichkeit. Es wird jedoch ein vollständig ausgefülltes Profil vorausgesetzt. Hier muss/sollte man sich auch Zeit seinen Auftritt gut vorzubereiten und auszustatten.

Die Frauen

- Hauptsächlich Akademikerinnen, die gut gebildet und ausgebildet sind, was jedoch auch dazu führt, dass die Damen zum Teil hohe Ansprüche an die Herren haben.
- Du solltest schon einen Doktor oder Magister im Lebenslauf haben, um hier zu bestehen.

Die Männer

- Leider zu viele „Möchtegern"-Elitemänner, die sich selber zu wichtig nehmen und glauben, alles besser zu wissen. Wenn man mal einen Scherz macht, dann fällt man schon aus dem Rahmen.

Fazit 

Bei Elite-Partner sollte man wissen, was man will und eine vernünftige Grundlage (Ausbildung, Beruf & Kultur) im Rucksack haben, um zu bestehen.

E-Darling

Ähnlich wie Parship, jedoch auch mit weniger Teilnehmern und somit weniger Möglichkeiten. Da diese Seite keine nennenswerte Vorteile gegenüber dem großen Konkurrenten Parship bietet, erschließt sich nicht ganz, warum man zum kleinen Bruder wechseln sollte. Ein Grund, warum diese Seite (und andere) existieren, ist, weil sich viele Damen auf mehreren Seiten gleichzeitig anmelden.

Die Frauen

- Es findet sich ein ähnliches Klientel wie auf Elite Partner und Parship.

Die Männer

- Diese Beobachtung trifft auch auf die Männer zu, somit empfiehlt es sich bei einer ernsthaften Partnersuche Parship in Anspruch zu nehmen.

Fazit 

Parship

Immer noch die Nummer 1. Hat die meisten Teilnehmer und ist für eine ernsthafte Beziehung erfolgversprechend. Hier empfiehlt sich, wie allen

seriösen Plattformen, das Profil umfangreich auszufüllen. Die Kunden lesen das gerne. Sie haben schließlich Geld für Parship bezahlt, um den Traumprinzen zu finden.

Die Frauen

- Durchwegs seriös und auf der Suche nach einer langfristigen Partnerschaft.

Die Männer

- Auch die Männer auf Parship reißen sich am Riemen und zeigen Ernsthaftigkeit bei der Partnersuche

Fazit: 

Umdrehen und die
Sicht der Frauen lesen